vending machine

你也是販賣機父母嗎？

該予取予求，還是放手讓孩子走自己的路？

U0075401

不一定要功成名就，
才能教出優秀的孩子

給父母的十六堂親子課
帶您教養出優良品格、夢想宏偉、
樂觀向上的孩子

洪春瑜，羅烈文 —— 編著

崧燁文化

目錄

目錄

目錄

目錄

目錄

序言

　　哈佛，一所創建於三百多年前的高等學府，一所世界各國莘莘學子無不神往的聖殿。在這所享譽盛名的大學裡，培養出了眾多政治家、科學家、學者等社會菁英。毫不誇張地說，哈佛為全球的進步立下了赫赫功勞。

　　數百年來，哈佛大學之所以高踞當今世界名牌大學之巔，是與哈佛獨特的人生哲學和高深的素養教育息息相關的。

　　哈佛認為：人才的培養，不僅要注意方法，更要注重觀念；不完全依賴於勤奮，而更在於依靠思想。

　　無疑，方法對一個人的成長至關重要，但是更加重要的還是人的觀念。當一個人的頭腦被一種理性的觀念所左右的時候，智慧能讓你釋放出內在無比巨大的潛能，從而使你獲得駕馭命運的強大力量。當一個人在勤奮耕耘的道路上受科學意識所主導，你的命運就會從此改變，生命的觸角就會朝成功的方向延伸……

　　每個人的人生無不受自己意識和觀念所支配、所主宰。俗語說得好：視野決定你人生的寬度。既然如此，只要我們在學習、生活和工作的過程中，注入一種科學的理念和適合自己的人生哲學，那麼，每一個人都將告別平庸，創造出一個精彩絕倫的人生。而科學的理念和最適合自己的人生哲學，無需尋遍天涯，哈佛為一個人的成長提供了所需要的全部元素。百年哈佛凝聚了追求卓越的人生哲

序言

學，最具代表性的總結，就是商學院院長基姆·克拉克曾說過的一句話：「追求卓越，將高遠的策略和傑出人才相結合，是哈佛教育成功的核心。」因此，哈佛就像蘊含著各種元素的培育場，只要你善於從中汲取，自然能茁壯成長。

人才的成長與人生的成功，取決於每個人所持有的人生態度。對待人生的態度其實只有兩種：一種是選擇，一種是創造。選擇人生的人，是在既存的模式中去適應環境，一生默默無聞；而選擇創造的人，則是在沒有路的情況下闖出屬於自己的人生道路，因此，他也就能看到有別於他人的人生風景。而哈佛素養教育最核心的基本理念，就是讓每個人學會創造自己卓越的人生。

也正基於此，在講求素養教育的今天，我們借鑑了哈佛的教育理念，策劃了這本書。

一本好書不僅要具備道德情感的力量，更要具備思想智慧的力量。在本書中，它們得到了完美的融合。前者由精心選擇和提煉的故事來展示，後者則透過父母和孩子兩代人的感悟得以充分彰顯，讓我們在輕鬆地感受了閱讀的意趣之後，又獲得思想的昇華和心靈的震撼。

本書最大的特點是讓兩代人可以共同閱讀，一起閱讀，為兩代人提供了一個心靈對話的平臺，也使全書更顯立體化。

「橫看成嶺側成峰，遠近高低各不同。」同樣的故事，不同的人，從中品出不同的味道。但願本書能讓不同身分的人從中汲取自己所需的養分，若能如此，則是作者的大幸。

第一章
優良品格 —— 奠定生命的基石

優良品格是做人的基本原則，是安身立命之本，是奠定生命的基石，是人的價值理性的內核。一位大哲學家有一段精彩的論述：播種一種行為，收穫一種習慣；播種一種習慣，收穫一種品格；播種一種品格，收穫一種命運。行為優秀並非真正的優秀，哪怕是兩個頂尖的優秀行為也比不上優秀的習慣。優秀的行為是孤立的、暫時的，缺乏後繼性，真正的優秀是品格優秀。唯有品格優良，才會有優秀的行為、優秀的習慣。

擁有一顆謙讓之心

經濟大蕭條時期，一位富有的麵包師把城裡最窮的 20 個小孩喚來，對他們說：「在上帝帶來好光景以前，你們每天都可以來拿一個麵包。」

每天早上，這些飢餓的孩子蜂擁而上，圍住裝麵包的籃子你推我攘，因為他們都想拿到最大的一個麵包。等他們拿到了麵包，顧不上向好心的麵包

第一章　優良品格—奠定生命的基石

師說聲謝謝，就跑開了。

只有格琳琴，這位衣著寒酸的小女孩，既沒有跟大家一起爭搶，也沒有與其他人吵鬧。她只是靜靜地站在一步之外，等其他孩子離去以後，才拿起籃子裡剩下的麵包。她從來不會忘記親吻麵包師的手以表示感激，然後才捧著麵包高高興興地跑回家。

有一天，別的孩子走了之後，羞怯的小格琳琴得到一塊比以往更小的麵包。但她依然不忘親吻麵包師，並向他表達真誠的謝意。

回家以後，媽媽切開麵包，發現裡面竟然藏著幾枚嶄新發亮的銀幣。

媽媽驚奇地叫道：「格琳琴，立即把錢送回去，一定是麵包師揉麵的時候不小心掉進去的，趕快去，把錢親自交給好心的麵包師！」

當小女孩把銀幣送回去的時候，麵包師說：「不，我的孩子，這沒有錯，是我特意把它們放進去的。我要告訴妳一個道理：謙讓的人，上帝會給予他幸福。願妳永遠保持一顆寧靜、感恩的心。回家去吧，告訴妳媽媽，這些錢是上帝的獎賞。」

身為父母要知道

榜樣的力量是巨大的，父母身為孩子最親近的人，是孩子效仿的第一榜樣。有一句話說，上梁不正下梁歪，指的就是榜樣的影響力。要想讓孩子擁有一顆謙讓之心，父母必須也要有謙讓之德，誠實之德。正如故事中的媽媽。

具體到怎樣做，要注意以下兩方面：

第一方面：以身作則，做出表率

「身教重於言教」，與其跟孩子說一百遍做人要「謙讓」，不如對孩子做

一遍。只有以身作則，才能給孩子樹立一個可供學習、模仿的榜樣，讓孩子擁有謙讓的品德。

第二方面：做生活的有心人

父母要善於發現，善於引導，為孩子創設愉悅的注重誠信的氛圍，以此感染孩子的情緒，淨化孩子的心靈。

身為孩子要懂得

謙讓是一種美德，誠實是一種品格。當我們具備這兩者時，你會因為擁有謙讓的美德而偉大；因為擁有誠實的品格而博大，人生也會因此而愈發光芒四射。

信守你的諾言

墨西哥總統福克斯（Vicente Fox Quesada）以為人誠實守信而受到國人的尊重，他做人的原則就是兩個字：誠實。正是這樣的品德，使他從一個普通的推銷員最後成為一個國家的總統。

一次，福克斯受邀到一所大學演講，一個學生問他：「政壇歷來充滿欺詐，在你從政的經歷中有沒有撒過謊？」

福克斯說：「不，從來沒有。」

大學生在下面竊竊私語，有的還輕聲笑出來，因為每一個政客都會這樣表白。他們總是發誓，說自己從來沒有撒謊。

福克斯並不氣惱，他對大學生說：「孩子們，在這個社會上，也許我很難證明自己是個誠實的人，但是你們應該相信，這個世界上還有誠實，它永遠

都在我們的周圍。我想講一個故事，也許你們聽過就忘了，但是這個故事對我卻很有意義。」

有一位父親是一個農場主人。有一天，他覺得園中的那座亭子已經太破舊了，就安排工人們準備將它拆掉。他的兒子對拆亭子這件事很感興趣，於是對父親說：「爸爸，我想看看你們怎麼拆掉這座亭子，等我從寄宿學校放假回來再拆好嗎？」

父親答應了。

可是，等孩子走後，工人們很快就把亭子拆掉了。

孩子放假回來後，發現舊亭子已經不見了。他悶悶不樂地對父親說：「爸爸，你對我撒謊了。」

父親驚異地看著孩子。孩子繼續說：「你說過的，那座舊亭子要等我回來再拆。」父親說：「孩子，爸爸錯了，我應該兌現自己的諾言。」

這位父親重新召來工人，讓他們按照舊亭子的模樣在原來的地方再造一座亭子。亭子造好後，他將孩子叫來，然後對工人們說：「現在，請你們把它拆掉。」

福克斯說，我認識這位父親，他並不富有，但是他卻在孩子面前實現了自己的承諾。

學生們聽後問道：「請問這位父親叫什麼名字？我們希望認識他。」福克斯說：「他已經過世了，但是他的兒子還活著。」

「那麼，他的孩子在哪裡？他應該是一位守信的人。」

福克斯平靜地說：「他的孩子現在就站在這裡，就是我，墨西哥總統福克斯。」

福克斯接著說：「我想告訴大家的是，我願意像父親對我一樣對待這個國

家，對待這個國家的每一個人。」

臺下掌聲雷動。

身為父母要知道

對孩子許下了諾言，就不要自毀承諾，哪怕你有再堂而皇之的理由。因為，你的一言一行直接影響到孩子的身心健康。

故事中的父親，甘願將拆掉的亭子不惜耗費時間、耗費金錢重建，目的不過是為了彌補自己的過錯，兌現自己的諾言。這在拜金主義者眼裡近似荒唐的、不可理喻的行為，恰恰為孩子播下了信守諾言的種子。

實體的物質有價可以衡量，孩子的內在品格無價可估。孰輕孰重，身為父母理應知道。

身為孩子要懂得

一言九鼎、一諾千金的人永遠受人尊敬。倘若一個人一生中，能有幾個信守諾言的朋友，那你就擁有了一筆無形、無價的財富。我們自己，同樣要信守諾言，答應別人的事情，一定要兌現。

好名聲讓你受益無窮

有一年夏天，拉姆的父親叫他去買些鐵絲和修柵欄用的木材。當時拉姆16歲，特別喜歡駕駛自家那輛小貨車。但是這一次他的心情並沒有那麼好，因為父親要他去一家商店賒貨。

16歲是滿懷傲氣的年齡，一個年輕人想要得到的是尊重而不是憐憫。當

第一章　優良品格─奠定生命的基石

時是 1976 年，美國人的生活中仍到處籠罩著種族主義的陰影。拉姆曾親眼目睹過自己的朋友在向商店老闆賒帳時屈辱地低頭站著，而商店的老闆則趾高氣揚地盤問他是否有償還能力。拉姆知道，像他這樣的黑人青年一走進商店，店員就會像看賊一樣地盯著他。拉姆的父親是個非常有原則的人，從來沒有欠帳不還的情況，但誰知道別人會不會相信他們？

拉姆來到戴維斯百貨商店，只見老闆巴克‧戴維斯站在收銀機後面，正在與一位中年人談話。老闆是位高個子男人，看上去飽經風霜。拉姆走向五金櫃檯時，慌張地對老闆點了點頭。拉姆花了很長時間選好了所需要的商品，然後有點膽怯地拿到收銀機前。他小心地對老闆說：「對不起，戴維斯先生，這次我們得賒帳。」

那個先前和戴維斯談話的中年人向拉姆投來輕蔑的一瞥，臉上立刻露出鄙視的神色。然而戴維斯先生的表情卻沒有任何變化，他很隨和地說：「可以，沒問題。你父親是一位講信用的人。」說著，他又轉向中年人，手指著拉姆介紹道：「這是詹姆斯‧威廉斯的兒子。」

身為父母要知道

著名成功學大師卡內基說：「任何人都希望別人給他一個好名聲。」其實，好名聲不是別人給予的，而是由自身塑造的。

透過一系列符合社會道德要求的行為舉止，贏得他人的好感、社會的認同，好名聲自然就會隨之而來。

存在於社會的每一個人都應該注意自己的言行舉止，尤其是身為父母之人，更應如此，以獲得一個好的名聲。因為好的名聲不僅能讓自己贏得他人的尊重，也能讓孩子感受到好名聲的重要性。

身為孩子要懂得

一個人的好名聲，主要來自他做人的品格。品格就是力量，就是影響力。品格可以贏得人心，創造財富。優秀的品格是無價的財富，超過了金錢和顯赫的地位。

如果一個人臭名昭著，即便他身分顯赫，也不會讓人心生敬意；即便他權重朝野，也無法得到他人真正的尊重。只有好名聲的人，才能獲得他人的尊重，即便他一貧如洗。

為自己做一個自信罐

有個叫西格的女人，自從接連生了三個孩子之後，整天煩躁不安。4 歲的孩子整日頑皮吵鬧，19 個月大的孩子整夜哭叫，還有一個小嬰兒需要不斷餵奶……

那一段日子，西格的精神簡直快要崩潰了。長期的睡眠不足，使她無法以正常的心態看待周圍的世界，也無法正常地看待自己。她甚至懷疑自己天生就「無能」—— 連幾個孩子都照顧不好，以後還能做什麼呢？

這時候，一個叫海倫的朋友，從另外一個城市託人帶給她一份禮物。她打開一看，是一個裝飾得很漂亮的陶瓷容器，上面貼著一個標籤，標籤上寫著：「西格的自信罐，需要時啟用。」

她打開罐子，發現裡面裝著幾十個用淺藍色紙條捲成的小紙筒，每個小紙筒上都寫著海倫送給西格的一句話。西格迫不及待地一個個打開，只見上面分別寫著：

上帝微笑著送給我一件寶貴的禮物，她的名字叫「西格」；

第一章　優良品格─奠定生命的基石

我珍惜妳的友誼；

我欣賞妳的執著，還有妳的熱情；

我希望住在離妳的廚房 100 英尺遠的地方；

妳很好客，而且賢惠能幹；

妳有寬廣的胸懷和金色美麗的長髮；

妳是我最願意陪伴著一起在超級市場轉上一整天的那個人；

妳做什麼事都那麼仔細，那麼任勞任怨；

我真的相信妳能做好任何你想做的事情；

我為妳提兩點建議：第一，當妳完成一件自己想做的事情，或者得到別人的稱讚和肯定的時候，就寫一張小紙條放在這個罐子裡；第二，當妳遇到困難和挫折，或者有點心灰意冷的時候，就從這個小罐裡拿出幾張紙條看一看……

讀到這裡，西格被深深地打動了。因為她真切地感覺到，她正被別人愛著，被別人關心著。困難只是暫時的，自己仍然還是一個很棒的人。

從那以後，西格把這個「自信罐」擺在最醒目的地方，只要遇到壓力和困難，就會情不自禁地伸手去摸一摸。

15 年以後，西格擔任了一所幼兒園的園長，很多家長都願意把孩子送到這家幼兒園，因為西格的自信激發了孩子們的自信，每個來到這裡的孩子都有一個西格贈送的「自信罐」。

身為父母要知道

自信心是一種積極的心理要素，是開拓進取、奮發向上的動力，是一個人取得成功所必要的心理要素。

　　培養孩子的自信心，對孩子的成長十分重要。一個孩子如果缺乏自信心，常常表現膽怯、遇事畏縮不前、害怕困難、不敢嘗試，那麼孩子的認知能力、動手能力、交往能力及運動能力等都會發展緩慢；相反，一個孩子具有自信心，膽子大，什麼事都敢嘗試，積極參與，各方面發展就會加快。

　　孩子未來所面對的是一個充滿挑戰的社會，父母要重視從小培養孩子的自信心，使他們將來成為充滿自信、有堅強毅力和足夠勇氣的人，昂首闊步走向社會，去克服人生道路上的種種艱難險阻，迎向人生的各種挑戰。

身為孩子要懂得

　　自信是一種內在的東西，需要由你個人來把握和證實。因此，在建立自信的過程中，一定要學會自我激勵。要有勇氣面對別人的譏諷和嘲笑。在你遇到難題時，要鼓起勇氣來面對，你可以這樣激勵自我：「造物主生我，就賦予了我無窮的智慧和力量，凡事都能達成。」這樣，你就可以增強自己內在的信心、激發自己內在的力量，從而成功地達到你的目的。當然，這種激勵只是一種臨時的辦法，要想長期在自己的內心建立自信，那就需要不斷地激勵自己，直到變成習慣。

誠實最能打動人心

　　一個週六晚上，小女孩珍妮像往常一樣去替媽媽領工錢。她在馬廄裡遇到農場主安德魯。顯然他正處於氣頭上，當珍妮向他要錢時，他馬上將一張鈔票遞給了她。

　　珍妮走出馬廄，到了路上，她看到安德魯給了她兩張鈔票，而不是一

張。她該不該要這筆錢呢？珍妮一邊往家走，一邊苦惱著。

當她經過家門前那座小橋時，她的耳邊響起了媽媽說過的話：「妳想要人家怎樣對妳，妳就得怎樣對人。」珍妮猛地轉過身徑直跑回了安德魯的店門口。那個粗魯的老人驚訝地問：「妳這回又有什麼事呢？」

「先生，您給我的鈔票不是一張，而是兩張。」珍妮一邊顫抖，一邊回答。「什麼？的確是兩張。難道妳剛剛才發現嗎？為何不早點把錢送回來？」珍妮臉紅了，她低下頭，沒有回答。老人看到一顆顆淚珠順著孩子的臉頰滾落下來，他從口袋裡取出 1 美元遞給了珍妮。

「不，謝謝您，先生。」珍妮抽泣著說，「先生，如果您曾經連尋常的生活用品都買不起，您就能知道，要時刻做到對待別人就像希望別人如何對待自己一樣，對我們來說是多麼的困難。」

此時，這個一向自私的老人也深受感動，為自己的所為感到羞愧。珍妮如釋重負地回到了她那簡陋的家中。在她的一生中，她從沒有忘記過她是如何抵制住那次誘惑的。

身為父母要知道

莎士比亞曾經說過這樣一句話：「老老實實最能打動人心。」可見他對誠實的認可。誠實是培養健康人生的基礎，大而言之，不誠實會直接或間接地損害群體的利益；小而言之，不誠實也足以使個人的人格破產。

誠實這個品格對孩子的身心發展起著重要作用。一些父母認為，面對今天越來越複雜的社會，培養孩子誠實的品格就意味著讓孩子有什麼說什麼，對人對事開誠布公、有意見當面提，嚴於律己，寬以待人，但結果勢必使孩子得罪人、吃虧。父母這種說法固然有一定道理，但是，需要提醒父母的是：

孩子在兒童期，特別是幼兒階段，其成長的主要養料就是真善美。

　　培養孩子誠實的品格是一個長期的過程，需要父母和孩子本人以及周圍人們的共同努力。身為孩子家長，我們更有一種義不容辭的責任，千萬不要以為孩子小、不懂事，長大以後再嚴格要求，要知道改掉一個壞習慣比塑造一個好習慣要難得多。

身為孩子要懂得

　　誠實是一種能夠打動心靈的品德，誠實的美德即便是從小孩子的身上表現出來，也會在周圍的人之中產生正面的影響。生活中常常會遇到各種誘惑，但只要堅持住誠實這條原則，就一定可以戰勝誘惑，拒絕做它的俘虜。

正直的品格讓心靈尊貴

　　1829 年，年方 20 歲的孟德爾頌開始了他第一次的旅行演出生涯。他的足跡遍及歐洲各個文化重鎮。

　　當孟德爾頌到英國演出時，維多利亞女王熱誠地邀請他進宮演奏。當孟德爾頌剛剛演奏完第四號交響曲《義大利》時，維多利亞女王便不禁連聲稱讚這支曲子寫得好，並說：「單憑你能寫出這樣動人的曲子，就可以證明你是一個十分了不起的音樂天才！」參加招待會的其他人更是讚不絕口。聽到這讚揚聲，孟德爾頌不但沒有高興，臉反而一下子紅到了耳根，急忙說道：「不，不，不，這支鋼琴曲不是我寫的。」女王說：「你太自謙了，只有你這樣的天才，才能譜出如此優美動聽的曲子。」但是，孟德爾頌卻認真地向女王和在場的人們解釋道：「這支曲子真的不是我寫的，而是我姐姐芬尼的

作品。」

　　原來，孟德爾頌出生在德國一個有名的知識分子家庭，那時有許多名人都是他家的常客。在這些人的影響下，他和姐姐從小就對藝術有著濃厚的興趣。姐姐芬尼天資聰慧，因而也成了一個相當出色的作曲家。只是由於孟德爾頌的家庭不贊成用女人的名字發表作品，姐姐才用了孟德爾頌的名字。

　　正直的孟德爾頌公布了這支曲子的真正作者，這樣的品格使他贏得了維多利亞女王以及在場的每個人的尊重。

身為父母要知道

　　一個人有了正直的品德，便不會謀私、貪利、偷奸耍滑；對人就不會阿諛奉承、溜鬚拍馬、陽奉陰違；處事勇於主持公道，伸張正義，抨擊邪惡⋯⋯總之，能堂堂正正、光明磊落地做人，就如同故事中的孟德爾頌。

　　俗話說的好，任何優良品格的養成，都需要一個過程，培養孩子正直的品格，同樣需要一個過程。我們可以從以下幾方面著手來培養孩子正直的品格。

　　首先，父母要重視對孩子進行品德教育。

　　其次，父母要從自己做起，加強自身的道德修養，做一個正直的人。要讓自己的一言一行都成為孩子學習的榜樣。

　　再次，引導孩子多接觸一些培養相關美德的品德故事，指導孩子從小做一個正直的人。

身為孩子要懂得

　　正直是一種高尚的品格，可以讓一個人的心靈變得尊貴，品格變得高尚。一個正直的人，他一定可以實現更高的理想。你要牢記，再完善的謊

言，再無漏洞的欺騙也許會暫時讓人擁有耀眼的光環，但光環一旦撤去，他必將黯淡無光。只有為人正直，你才能收穫友誼、信任、欽佩和尊重。

承擔屬於自己的責任

1913 年，諾貝爾文學獎的獲得者阿爾貝·卡繆出生在一個貧苦的家庭。在他還不懂事的時候，父親就在戰場上犧牲了，只剩下母親與他相依為命，生活特別艱難。但是，小卡繆到了上學年齡以後，媽媽還是毫不猶豫地把他送到了學校。懂事的小卡繆很快就發現，因為自己上學又增加了學費和其他一些開銷，媽媽肩上的擔子更重了。

有一天半夜裡，卡繆忽然被一陣咳嗽聲驚醒了，睜開眼睛一看，媽媽還沒有睡，她正借著微弱的燈光縫補衣服。小卡繆再也忍不住了：「……媽媽，我想出去找打工，減輕家裡的負擔。」

媽媽的眼睛溼潤了。「好孩子，你現在太小了，需要的是好好學習。」媽媽撫摸著卡繆的頭輕輕說。但是，無論媽媽怎麼努力，他們家的生活還是越來越艱難。在小卡繆的一再央求下，媽媽終於同意了他的要求，但前提是不能耽誤自己的學習。從那以後，小卡繆一邊讀書，一邊工作。一開始，他找到了一份清掃街道的工作。後來，小卡繆又到一個餐廳裡去洗碗。

小卡繆用稚嫩的雙肩替媽媽分擔著壓力，他認為這是自己應該承擔的責任。

身為父母要知道

責任是一個人成長的動力，責任讓一個人更加成熟。「及早讓孩子承擔

第一章　優良品格—奠定生命的基石

一定的責任！」在美國素有「領導人教父」之稱的丹尼斯·韋特利博士這樣告誡天下父母。

如果想讓孩子成為一個合格的人才，你必須讓他（她）從小就有責任感，在個人發展空間和個人責任之間達到平衡。身為父母，不妨讓孩子多承擔一些他們可以承擔的責任。

身為孩子要懂得

責任感的缺失，只會讓你遇事退縮不前，凡事推諉己過，這是品性當中的致命弱點，只會讓你在前行的道路上無所作為。相反，一個勇於承擔責任的人，往往能承受苦難的磨練，最終讓生命光芒四射。

良知的力量最顯偉大

一個騎兵上尉受命帶領部隊外出尋找糧草。當他們找到一家簡陋的小房並敲開門時，一位白鬍子老人出現了。

「帶我到能為我的部隊找到糧食的田地裡去。」這個軍官說道。

「是的，長官。」老人回答說。

老人前頭帶路領著他們順著山谷向上爬。行進了約一個小時之後，出現了一塊大麥田。

「這下可以解決問題了。」軍官說道。

老人說：「先別動手，稍等一下子也不遲。」

他們又出發了，又找到另一塊大麥田。士兵們跳下馬來，開始收割莊稼，並捆成束放在馬背上。

「朋友，」這個軍官說，「你為什麼把我們帶這麼遠？我們第一次看到的麥田長得和這塊田一樣好。」

「確實一樣好，」這位老人說，「但那塊田不是我的！」

身為父母要知道

良知不是與生俱來的，它是後天形成的，唯人類所獨有。我們的良知來自於父母的教育，同樣，身為父母，我們也有責任培養孩子的良知。

培養孩子的良知要從小抓起，因為這不是一天兩天的工作。事實上在隨後的很多年裡，你都要不斷地培養孩子的良知，有時還要與一定的控制相結合才會有效。如果你能在必要的時候運用以下幾種方法，讓孩子經歷一些特定的情感體驗，那麼你一定能把這一教育過程變得更自覺、更確立方向。

第一種方法：讚揚

要讓孩子知道什麼行為可以得到表揚，特別是在他們最初幾次做出一種良好行為的時候，一定要及時給予讚揚。

第二種方法：同情

要讓孩子知道，他的行為會對他人造成很大的影響，從而培養他們的同情心。

第三種方法：內疚

讓孩子經歷內疚的感覺，這對他是非觀的培養尤為重要。有一點要注意，就是要掌握分寸。讓孩子過分的內疚只會導致他羞愧，如果你只是反反覆覆地批評他的行為，他會覺得自己闖了禍，不可原諒，從而認為自己是個壞孩子，這將有害無益。最重要的是：要讓他知道自己錯在哪裡，並且知道

該怎樣去彌補自己的過失。

用這幾種情感幫孩子培養是非觀，樹立良知。一定要牢記，培養孩子的良知是一個漫長的過程，需要持續性地進行。

身為孩子要懂得

我們每個人的內心深處都藏著一份良知，它是約束我們錯誤行為的道德底線。一個人做了有違道德的事情，必然會受到內心的懲罰。唯一不同的是，有人藉由外在行動，讓懲罰得以舒展；而有的人，將懲罰壓抑在內心，時刻承受著良知的折磨。

養成細心的習慣

滿臉的鬍鬚擋住了哈特曼教授的面孔，使他看上去像一位很凶、很難接近的老師。

學期第一個專題報告發下來，只有 10 分的作業，竟被老師扣去了 2 分，小約翰心裡一陣沮喪。突然，他緊盯住手中的作業，無法相信自己的眼睛。老師剛剛宣佈下課，小約翰已經沖到他的面前。還沒來得及開口，老師卻說：「我的課已經結束，有問題請與我的助手預約，明天上午我會在辦公室裡一對一回答你的問題。」

哈特曼教授辦公室的門半開著，還未看到老師的面孔，已經聽到教授說：「請進來。」小約翰匆匆地推開門，哈特曼看了看牆上的時鐘說：「你遲到了兩分鐘。」

「對不起，第一次來，剛才走到另一個方向去了。」教授不耐煩地搖了搖

頭：「難道這跟我有什麼關係嗎？我只在乎我們已經約定的時間。好，你今天的問題是什麼？」小約翰拿出考卷，平放在老師的桌上，說：「對不起，我把 Hartman 寫成了 Hartmen，把 a 寫成 e，今後我會注意。可是，這個作業總共才只有 10 分，因為一個字母就被你扣去了 2 分。」

「還有其他的問題嗎？」

「沒有。」

「如果是這樣，請讓我第一次也是最後一次來回答這個不是問題的問題。」

哈特曼教授在書桌上一筆一劃用大寫字體寫下了 HARTMAN，用手指在上面敲了敲：「這是一個人的姓名，寫錯了，就好像一隻狗被稱呼為貓。你認為這樣的問題不嚴重？」

「我保證不會再發生此類錯誤，對不起。」

「我接受你的道歉。但成績我不會更改！我有我教課的原則。如果一個學生將一隻狗叫成了貓，而我還說他是正確的，那恐怕就是最大的錯誤了。」

這是 20 年前的一段經歷。在這漫長的 20 年中，小約翰忘記了許多舊事，但這件事卻永遠記得。或許正是哈特曼教授關於「一隻狗叫成了貓」的訓斥，使他在走向成功的路上少犯了許多錯誤。

身為父母要知道

粗心大意是許多孩子愛犯的毛病，而且它的危害性是不言而喻的。從長遠來說，會影響到事業的成功；就枝微末節而言，生活中會丟三落四，學習上錯誤百出。

細心也是一種能力，是完全可以有意識地培養的。認真觀察孩子的表

現，然後制訂詳細的措施和計畫。

首先，從身邊的小事抓起，這是培養孩子細心能力的必經之路。

由小到大，循序漸進，是養成良好習慣的必經之路。從心理學角度講，就是不斷地在大腦皮層施加信號，久而久之，就會習慣成自然。

其次，提高孩子做事的興趣，是培養孩子心細的一劑良藥。

再次，排除干擾。

如果孩子在專心做事時，受到過多的干擾，就會心緒煩亂，情緒不穩，極易渙散注意力，很難做到全神貫注。為了讓孩子能夠專注地做事，家長理應給孩子創造一個良好的環境，使孩子能夠集中注意力。

總之，培養孩子的細心不是一朝一夕的事，講究方法的同時，還要做到持之以恆。

身為孩子要懂得

做一個細心的人，關鍵在於賦予自己責任感，切實用心。任何事情，都是事在人為。同樣一件事，敢負責任，良苦用心，就可能成就一篇傑作，如果毫不在乎，就可能竹籃打水一場空。只要能夠負起責任，油然而生一種神聖的責任感和使命感，就有可能激發我們全部的智慧，調動我們無窮的潛力。因此從這個意義上說，細心很大程度上依賴於責任心。

自律是一種美德

兒子 6 歲時，父親帶他去牧師家做客。吃早餐時，兒子弄灑了一點牛奶。依照父親定的規矩，灑了牛奶是要受罰的，只能吃麵包。可是兒子很喜

歡喝牛奶，而且主人還特地為他準備了精美的小點心。最後，兒子的臉紅了一下，看了看主人端上來的第二杯牛奶，還是沒有喝。

牧師熱情地再三勸他喝牛奶，可兒子還是不肯喝。他低著頭說：「我灑了牛奶，就不能喝了。」

後來，牧師看見了坐在餐桌上正在吃早餐的父親，以為是兒子害怕父親說他才不敢喝，於是就找了一個藉口讓父親離開了餐廳。

接著，主人又拿出更多好吃的點心對小男孩說：「吃吧，你爸爸現在不在這裡，他不會知道的。」但小男孩還是不吃，並一再說：「就算爸爸不知道，可是上帝知道，我不能為了一杯牛奶而撒謊。」

主人覺得十分震驚，把父親叫進客廳說了這件事。父親解釋說：「不，他並不是因為怕我才不喝的，而是因為從心裡認識到這是約束自己的紀律，所以才不喝。」後來，父親來到兒子面前對他說：「你對自己的懲罰已經夠了。我們馬上要出去散步，你把牛奶和點心吃了，不要辜負了大家的心意，就當是上帝對你的獎賞吧。」兒子聽見父親這樣說了，才高興地把牛奶喝了。

身為父母要知道

自律，即「自己約束自己」。從大的方面說，它是一個群體的思想價值的體現；從小的方面來說，它是對一個人意志力的考驗。

自律是一個人克制自己的情緒而讓自己行動的能力。自律的最高境界便是，當你做出了一個決定時，你一定會朝著目標前進。

自律是眾多自我能力發展工具中的一種，對孩子的成長有著至關重要的作用。

身為父母，一定要知道，自律絕不是與生俱來的。自律發生於父母對孩

子的培養。孩子的自律行為，在於父母平常對他的訓練程度。你訓練孩子的時間越多，孩子的自律能力就越強。反之，你訓練孩子的時間越少，孩子的自律能力就越弱。

那麼，怎樣讓孩子學會自律呢？

首先要讓孩子明辨是非，要知道什麼是對的，什麼是錯的，要從多方面來思考問題，不能被事物表象所迷惑，從而控制自己的私念和欲望。

其次，要鍛鍊孩子的意志力。自律行為跟頑強的意志力是分不開的，沒有頑強意志力的支撐，自律只是一紙空文。也許你有了自律的意識，但行為表現出的卻與自律所要求的不相稱。這時，就需要頑強的意志力作為推力，將內心的意識變為行動。

再次，要讓孩子從身邊的小事做起。自古以來，律己的人都是注重細節的，他們明白「千里之堤，潰於蟻穴」的道理。如果讓小的陋習任其發展，不加以控制，那麼它就會像滾雪球一樣越滾越大，最終造成嚴重後果。因此，要讓孩子從身邊的小事做起。

最後，要讓孩子時常反思。只有反省自己的過失，才會不斷累積經驗，更加嚴格地要求自己。

身為孩子要懂得

自律是一種美德，不管你做什麼事都要嚴格要求自己，這樣才能成就大事。自律是對自己的一切行為負責，而並不是為了做給他人看，因此有沒有人在旁邊監督你並不重要。

美國西點軍校著名教官約翰中將曾說過：「一個人想要征服世界，首先要戰勝自己。」想要戰勝自己，首先就要自律。「千萬不要縱容自己，給自己

找藉口。」對自己嚴格一點，時間長了，自律便成為一種習慣，一種生活方式，人的人格和智慧也會因此而變得更加完美。

第一章　優良品格—奠定生命的基石

第二章
宏偉夢想 —— 遨遊藍天的羽翼

　　胸無大志、鼠目寸光的人，沒有夢想、沒有願望的人，無需羽翼，無需飛翔，不需領略高處風光。但人生想要飛得很高、很遠，一飛沖天，一展雄心抱負，一酬凌雲壯志，非有夢想不可。沒有夢想，就沒有目標，沒有方向，沒有動力。折翼的鳥兒終究難以遠翔，難成氣候。唯有心懷宏偉夢想之人才能翱翔藍天。

沒有夢想就沒有奇蹟

　　一位名叫薛瓦勒（Ferdinand Cheval）的鄉村郵差，每天徒步奔走在各個村莊之間。有一天，他在崎嶇的山路上被一塊石頭絆倒了。

　　他發現，絆倒他的那塊石頭樣子十分奇特。他拾起那塊石頭，左看右看，有些愛不釋手了。

　　於是，他把那塊石頭放進自己的郵包裡。村子裡的人看到他的郵包裡除了信件之外，還有一塊沉重的石頭，都感到很奇怪，便好意地對他說：「把它

第二章　宏偉夢想─遨遊藍天的羽翼

扔了吧，你還要走那麼多路，這可是一個不小的負擔。」

他取出那塊石頭，炫耀地說：「你們看，有誰見過這樣美麗的石頭？」

人們都笑了：「這樣的石頭山上到處都是，夠你撿一輩子的。」

回到家裡，他突然產生一個念頭，如果用這些美麗的石頭建造一座城堡，那將是多麼美麗啊！

於是，他每天在送信的途中都會找到幾塊好看的石頭，不久，他便收集了一大堆。但離建造城堡的數量還遠遠不夠。

於是，他開始推著獨輪車送信，只要發現中意的石頭，就會裝上獨輪車。

此後，他再也沒有過上一天安閒的日子。白天他是一個郵差和一個運輸石頭的苦力；晚上他又是一個建築師。他按照自己天馬行空的想像來構造自己的城堡。

所有的人都感到不可思議，認為他的腦袋出了問題。

20 多年以後，在他偏僻的住處，出現了許多錯落有致的城堡，有清真寺式的，有印度神教式的，有基督教式的……當地人都知道有這樣一個性格偏執、沉默不語的郵差，在進行一些如同小孩建築沙堡的遊戲。

1905 年，法國一家報社的記者偶然發現了這群城堡，這裡的風景和城堡的建造格局令他慨嘆不已，為此寫了一篇介紹薛瓦勒的文章。文章刊出後，薛瓦勒迅速成為新聞人物。許多人都慕名前來參觀，連當時最有聲望的大師級人物畢卡索也專程參觀了他的建築。

現在，這個城堡已成為法國最著名的風景旅遊點，名字就叫作「郵差薛瓦勒之理想宮」。

在城堡的石塊上，薛瓦勒當年刻下的一些話還清晰可見，有一句就刻在

入口處的一塊石頭上：「我想知道一塊有了願望的石頭能走多遠。」

據說，這就是那塊當年絆倒薛瓦勒的那塊石頭。

身為父母要知道

夢想能激發出令人難以置信的潛力，能改寫一個人的命運。夢想的實現又取決於你是否及時展開了行動。行動需要目標和計畫，盲目行動同樣只會收穫失敗。

每一個人都有夢想，孩子也不例外。身為父母，不妨放下姿態，花點時間，幫助孩子去實現自己的夢想。具體怎樣做？

首先，協助孩子制定目標和計畫。

明確的目標和完善的計畫是成功的基礎。在設定目標時，目標的難度要符合孩子的實際情況，即初看之下似乎不容易實現，可是又要對孩子有足夠的吸引力，讓孩子願意全心全意去完成。

其次，督促孩子及時行動。

目標制定好後，要督促孩子及時行動，因為只有行動，才能摘取夢想的果實。

身為孩子要懂得

夢想就像鳥的羽翼，一旦生成，就有遨遊藍天的資本。行動如同振翅，一旦開始，必將讓自己高飛。只要我們肯在內心播下希望的種子，肯用實際行動來耕耘，那麼總有美夢成真的那一天。

第二章　宏偉夢想—遨遊藍天的羽翼

堅守夢想，永不放棄

因為父親是位馬術師，一個男孩必須跟著父親走南闖北東奔西跑。由於四處奔波，他求學並不順利，成績也不理想。

有一天，老師要全班同學寫作文，題目是「長大後的志願」。那一晚，男孩洋洋灑灑寫了 7 張紙，描述了他的偉大志願：長大後，我想擁有自己的農場，在農場中央建造一棟占地 5,000 平方英尺的住宅，擁有很多很多的牛羊和馬匹。

第二天他把作業交上去時，老師給他打了一個又紅又大的 F，還叫他下課後去見他。

「老師，為什麼給我不及格？」他不解地問老師。

「我覺得，你的願望是不切實際的。你敢保證長大後買得起農場嗎？你怎麼能建造 5,000 平方英尺的住宅？如果你願意重寫一個志願，寫得實際一點，我會考慮重新給你一個分數。」老師回答說。

男孩回家後反覆思量，最後忍不住詢問父親。父親見他猶豫不決，語重心長地說：「兒子，這是個非常重要的決定。我認為，拿個大紅的 F 不要緊，但絕不能放棄自己的夢想。」

兒子聽後，牢牢把這句話記在心底。他沒有重寫那篇文章，也沒有更改自己的志願。

二十年後，這個男孩真的擁有了一大片農場，在這個農場的中央真的建造了一棟舒適而漂亮的豪宅。

這個男孩不是別人，就是美國著名的馬術師傑克·亞當斯。

身為父母要知道

其實夢想與現實往往只是一步之遙，關鍵是你想不想，或者說你敢不敢踏出這決定成敗的一步。傑克‧亞當斯踏出了這一步，所以他成就了自己的夢想，改變了自己的一生。當然，要踏出這一步也很困難，但也只有這樣，才能真正成就你一生的夢想。這就像蛹破繭成蝶一樣，只有掙扎著從繭中脫身，才能夢想成真，才能翩翩起舞，自由飛翔。人也同樣如此，唯有歷經磨難，才能綻放最鮮活的生命。

身為父母，理應能從這則故事中領悟到些什麼，或者說是從故事中的父親身上學會些什麼，至少，你應該能記住傑克‧亞當斯父親說過的那句話：「我認為，拿個大紅的 F 不要緊，但絕不能放棄自己的夢想。」

記住，適當的時候，告訴孩子，絕不要放棄自己的夢想。

身為孩子要懂得

在我們追夢的旅途上必然會沼澤遍佈，荊棘叢生。但只要我們癡心不改，永不放棄，堅守自己的夢想，並為之努力付出，美夢自然就會成功。

只要心中存有實現夢想的信念，夢想就一定能實現，不管它看來是多麼遙不可及，多麼不切實際。

樹立一個明確的目標

有一對年輕的夫婦，他們有兩個孩子，一個叫莎拉，一個叫麥克。當莎拉 6 歲、麥克 4 歲的的時候，父母決定為他們養一隻小狗。小狗抱回來以後，他們專門聘請了一位馴獸師來訓練牠。

第二章　宏偉夢想—遨遊藍天的羽翼

在第一次訓練開始之前，訓獸師問他們：「小狗的目標是什麼？」夫妻倆面面相覷，頗感意外，他們一臉迷惑地嘟囔著說：「一隻小狗還有什麼目標？牠的目標當然就是當一隻狗了！」

他們實在想不出，作為一隻狗，還能有什麼另外的目標？

訓獸師極為嚴肅地搖了搖頭說：「每隻小狗都得有一個目標，否則我們根本沒法訓練牠。你們是想訓練牠守門，還是為了和孩子們一起玩耍？或者只是作為你們的寵物？我必須知道這些。這就是牠的目標。」

在馴獸師的悉心引導下，這隻小狗被成功地訓練成孩子們的好朋友，牠可愛的舉止、忠誠的品性和敏銳的洞察力，使牠成為這個家庭中不可或缺的重要成員。

最為重要的是，透過馴獸師，這對夫婦還學會了怎樣教育自己的孩子：為他們樹立目標。

他們的教育最終沒有令人失望：小莎拉成了一家電臺的主播，而麥克則成了紐約第 108 任市長 —— 麥克‧彭博。

他們永遠都記得訓獸師的那句話：一隻小狗也要有自己的目標 —— 何況是一個人呢？

身為父母要知道

望子成龍是所有父母共同的心願，但只有心願遠遠不夠，還需要幫助孩子切實成長為人中龍，鳥中鳳。幫助孩子的第一步，便是要幫助孩子樹立屬他的目標。具體怎麼做？

首先，了解孩子的興趣和特長所在，尊重孩子的選擇；一旦發現孩子的興趣有所轉移，就要幫助孩子及時調整。

其次，激發孩子對理想目標的嚮往，為孩子實現理想創造條件。

再次，幫助孩子把理想分成幾個階段，樹立短期和中長期目標；教會孩子制定最近目標和中長期目標。盡量讓孩子的理想符合社會的需求和個人的實際。

最後，不斷督促孩子朝著理想的目標邁進。

父母一定要記住的一點是，不符合社會需求和個人實際的目標，只會讓孩子做無用功。所以適當的引導孩子樹立可行的目標尤為重要。

身為孩子要懂得

一隻小狗也要有自己的目標 —— 何況是一個人呢！是的。我們每個人都要為自己設定一個明確的目標。因為，只有目標明確了，你才不會迷失方向。

播種希望，收穫成功

小時侯，安東尼每年夏天都要隨父母去阿拉斯加看望爺爺 —— 是一個佝傻著身子的老頭。不過安東尼聽爸爸說，爺爺年輕時很英俊，很能幹，他當過老師，26 歲時就當選為州議員，晚年退休之後，經營一片農場。

農場上的一草一木都讓安東尼感到新奇而愉悅。寬闊的原野，高高的草垛，哞哞的牛叫，清脆的鳥鳴……一切都令他流連忘返。

「爺爺，我長大了也要來農場，和你一起種莊稼！」一天早上，安東尼興致勃勃地對爺爺說。

「你想種什麼莊稼呢？」爺爺微笑著問他。

第二章　宏偉夢想—遨遊藍天的羽翼

「我想種西瓜，就是那種又甜又大的西瓜！」安東尼興奮地告訴爺爺。

「唔，好！」爺爺棕色的眼睛快活地眨了眨，然後拉起安東尼的手說：「那麼，讓我們現在就趕快播種吧！」

安東尼從鄰居瑪麗姑姑家要來了五粒黑色的西瓜籽，還借來了一把鋤頭。在一棵大橡樹下，爺爺教他翻鬆了泥土，然後把西瓜籽撒下去。忙完這一切，爺爺說：「工作完成了，接下來就讓我們一起等待吧。」

當時安東尼還不懂得「等待」是怎麼回事。那天下午，他一直朝西瓜地裡跑，不知跑了多少趟。也不知為它澆了多少次水，簡直把西瓜地變成了一片泥漿。誰知道，直到傍晚，連西瓜葉的影子也沒有看見。

晚餐桌上，安東尼問爺爺：「我都等了整整一個下午，還澆了那麼多水，可是西瓜還沒長出來。我們還得等多久啊？」

爺爺聽了，忍不住哈哈大笑起來：「你這麼專心地等待，也許瓜苗會早一點長出來的。無論什麼事，只要你有信心，它就會實現。」

第二天早上，安東尼一覺醒來就往瓜地跑。咦！一個大大的、滾圓滾圓的西瓜正躺在那裡，還有一根長長綠綠的藤莖連著它！他興奮極了：「嗨！我種出世界上最大的西瓜了！」

那幾天，別提安東尼有多麼高興，他逢人便說：「告訴你，我種出了世界上最大的西瓜！」

長大以後，安東尼才知道，這個西瓜是爺爺從遠處瓜地移到橡樹腳下的。儘管這樣，他不認為那是一種遊戲，也不認為是慈愛的爺爺哄騙孫子的把戲，而是一個智慧的老人在一個不懂事的孩子心中適時地播下了一粒希望的種子。

如今，安東尼有了自己的孩子，事業上也有所成就。但他始終覺得，

自己樂天派的性格與成功的生活，都是爺爺在那棵橡樹下播撒的種子長成的 —— 是爺爺讓他在少不更事的時候，真實地體驗了「希望」與「成功」的滋味。

身為父母要知道

每個孩子都有自己的夢想，父母也有自己的夢想。作為家長，真正要做的是支持和鼓勵孩子去實現自己的夢想，而不是去阻撓和限制。哪怕有時候這個夢想看起來是那麼荒唐，就如同故事中安東尼的做法。好在聰明的爺爺幫他實現了夢想，讓他在少不更事的時候，真實體驗了「希望」和「成功」的滋味。

爺爺的做法，給父母們做了生動的示範。長輩的支持，是孩子實現夢想的力量。

身為孩子要懂得

夢想的實現需要歷經磨難，需要經歷孕育的過程，誰想今天播種，明天收穫，那你只會得到枯死的「夢想」之苗。

夢想有多高，人生的舞臺就有多大

埃塔爾是一個喜歡拉琴的年輕人，可是他剛到美國時，卻必須到街頭拉小提琴賣藝來賺錢。

非常幸運，埃塔爾和一位初識的黑人琴手一起，搶到了一個最能賺錢的好地盤 —— 一家商業銀行的門口。過了一段時間，埃塔爾賺到了不少錢後，

第二章　宏偉夢想—遨遊藍天的羽翼

就和那位黑人琴手道別，因為他想到大學裡進修，也想和琴藝高超的同學相互切磋。於是，埃塔爾將全部的時間和精力投入到提高音樂素養和琴藝上。

十年後，埃塔爾有一次路過那家商業銀行，發現昔日的老友 —— 那位黑人琴手，仍在那個「最賺錢的地盤」拉琴。

當那個黑人琴手看見埃塔爾出現的時候，很高興地問道：「兄弟啊，你現在在哪裡拉琴啊？」

埃塔爾回答了一個很有名的音樂廳的名字，那個黑人琴手問道：「那家音樂廳的門前也是個好地盤，也很賺錢嗎？」他哪裡知道，十年後的埃塔爾已經是一位國際知名的音樂家，經常應邀在著名的音樂廳中登臺獻藝，而不是在門口拉琴賣藝。

身為父母要知道

滿足於現狀，只能收穫平凡，唯有給自己設置一個更高的夢想，朝著目標努力，夢想才會成功，人生才會因此而燦爛。

埃塔爾因為心中有更高的夢想，所以人生的舞臺得到了拓展。而那位黑人琴手，因為安心於自己的三尺舞臺，所以注定只能收穫平凡。

身為父母，在屬我們自己的人生道路上，要不斷地向高峰攀登，而決不能滿足於安逸的生活。對孩子，也要協助他，讓他在更高的頂峰，夢想成真。決不能放任自流，自生自滅。

身為孩子要懂得

只有登高，你才能望遠；只有跳出井底，你才能看到更廣闊的天空。夢想的高度，決定了我們最終能達到的高度。

給夢想一對飛翔的翅膀

多年前，一位窮苦的牧羊人領著兩個年幼的兒子，以給別人放羊來維持生計。一天，他們趕著羊來到一個山坡，這時，一群大雁鳴叫著從他們的頭頂飛過，並很快消失在遠處。牧羊人的小兒子問他的父親：「大雁要往哪裡飛？」「牠們要去一個溫暖的地方，在那裡安家，度過寒冷的冬天。」牧羊人說。他的大兒子眨著眼睛羨慕地說：「要是我們也能像大雁那樣飛起來就好了。」小兒子也對父親說：「當隻會飛的大雁多好啊！」牧羊人沉默了一下，然後對兩個兒子說：「只要你們想，你們也能飛起來。」兩個兒子試了試，並沒有飛起來，他們用懷疑的眼神看著父親。牧羊人說：「讓我飛給你們看。」於是他飛了兩下，也沒有飛起來。牧羊人肯定地說：「我是因為年紀大了才飛不起來，你們還小。只要不斷努力，就一定能飛起來，去想去的地方。」

兒子們牢牢記住了父親的話，並一直不斷地努力，等到長大以後果然飛起來了 —— 他們就是飛機的發明者、美國的萊特兄弟。

身為父母要知道

奇思妙想是一種重要的非智力因素。一個孩子對某件事有了強烈的興趣和求知欲，就會努力學習，積極主動地探索，從而做出很大的成績。許多人的成才說明了這一點，正如萊特兄弟。

因此，父母在平常就要對孩子的行為用心觀察。一旦發現孩子對某一事物特別有興趣，就要及時給予鼓勵和支持，抓住孩子興趣的「閃光點」因材施教。這樣做，說不定就會激發出孩子某一方面的智慧火花，引導孩子沿著自己的興趣走向成功。這成果，萊特兄弟的父親已經做了很好的演示，值得父母們好好學習。

第二章　宏偉夢想─遨遊藍天的羽翼

身為孩子要懂得

夢想成就卓越。夢想可以讓一個人對生活充滿自信，對事業充滿激情。一個心懷夢想，對事業有追求的人，可以將「夢」做得高些。雖然一開始時僅僅是夢想，但只要不停地做，不輕易放棄，夢想終能成真。

奇蹟始於心中有夢

下面是一個美國小男孩的故事。

這名小男孩的父母希望孩子長大後能成為一位體面的醫生。可是，男孩讀到高中就被電腦迷住了，整天研究著一臺十分落後的蘋果電腦。男孩的父母告訴他，應該用功念書。可是，男孩說：「有朝一日我會開一家公司的。」但是，父母根本不相信，還是千方百計按自己的意願培養男孩，希望他能成為一位醫生。

男孩按照父母的意願考入了一所醫科大學，可是他只對電腦感興趣。在第一學期，他買來降價處理的 IBM 個人電腦，在宿舍裡改裝升級後賣給同學。不久他的電腦不但在學校裡流通，連附近的律師事務所和許多小企業也紛紛來購買。

他告訴父母，他要退學，父母堅決不同意，只允許他利用假期推銷電腦。可是，男孩的電腦生意就在這個夏季突飛猛進，僅用了一個月的時間，他就完成了 18 萬美元的銷售額。父母不無遺憾地同意他退學。

然後，他組建了自己的公司，打出了自己的品牌。10 年後，他創下了類似於比爾蓋茲般的神話，擁有資產 43 億美元。他就是美國戴爾公司總裁麥可‧戴爾。比爾蓋茲曾經親自飛赴他的住所向他祝賀。比爾蓋茲對他說：

「我們都堅信自己的信念，並且對這一行業富有激情。」兩個人的手緊緊地握在一起。

身為父母要知道

任何一種興趣都包含著天性中有傾向性的呼聲，也許還包含著一種處在原始狀態中的天才的閃光。興趣是孩子最好的老師，有了興趣就成功了一半，因此發現和培養孩子的興趣對父母來說，就成了至關重要的事情。

父母需要做的是，主動積極地接受孩子的興趣，尊重孩子自己的興趣，而不是把我們的意願強加在孩子身上，如故事中戴爾的父母，好在他們最終對戴爾的行為妥協了，否則，奇蹟可能就斷送在戴爾父母的手中。

身為父母，應該鼓勵孩子發展自己的興趣。實際上，尊重孩子的興趣就是讓孩子擁有快樂，就是我們給孩子的最好禮物；發展孩子的興趣就是給孩子提供了成長的沃土，助其實現夢想。

身為孩子要懂得

任何一個奇蹟的誕生，總是源於有一種偉大的想法。或許沒有人能夠預測到今天的想法能延續多久，但是，只要我們不懷疑，能沉下心來，貫徹想法，努力去做，那麼心中的夢想就會觸手可及。

給夢想成長的時間

多年以前，美國有一家報紙刊登了一則園藝所重金徵求純白金盞花的啟事，一時在當地引起轟動。高額的獎金讓許多人趨之若鶩，但在千姿百態

第二章　宏偉夢想—遨遊藍天的羽翼

的自然界中，金盞花除了金色的就是棕色的，能培植出白色的，不是一件易事。所以許多人一陣熱血沸騰之後，就把那則啟事拋到九霄雲外去了。

一晃就是 20 年，一天，那家園藝所意外地收到了一封熱情的應徵信和一粒純白色金盞花的種子。當天，這件事就不脛而走，引起軒然大波。

寄種子的原來是一個年逾古稀的老人。老人是一個忠實的愛花人，當她 20 年前偶然看到那則啟事後，便怦然心動。她不顧八個兒女的一致反對，義無反顧地埋頭苦幹。她撒下了一些最普通的種子，精心栽培。一年之後，金盞花開了，她從那些金色的、棕色的花中挑選了一朵顏色最淡的，取得種子。次年，她又把它種下去。然後，再從這些花中挑選出顏色更淡的花的種子栽種……年復一年。終於，20 年後的一天，她在那片花園中看到一朵金盞花，它不是近乎白色，也並非類似白色，而是如銀如雪的白。一個連專家都解決不了的問題，在一個不懂遺傳學的老人手中迎刃而解，這不是一個只有靠夢想才能創造的奇蹟嗎？

身為父母要知道

人因為夢想而偉大。有了夢想，我們可以在任何情況下，都擁有希望，同時堅信未來，不輕言妥協，不輕言放棄，把夢想變成現實。哈佛教授科南特說：「做人的道理，就在於不妨害他人的權利，而同時又能達到自己的願望。」

老人用他的實際行動，告訴自己的孩子，夢想的實現需要時間的錘鍊。同時，老人也用自己的實際行動，給全天下的父母樹立了一個榜樣，用語言去說教孩子要努力實現夢想，不如自己用行動去實現自己的夢想，這樣所產生的效果遠比說教好。

身為孩子要懂得

實現夢想是個艱辛而又漫長的過程，沒有足夠的耐心和信心是得不到勝利果實的。當夢想來到我們身邊，請給它成長的時間，同時，也不要忘記為它澆水、施肥，相信總有一天，它會像破繭而出的蝴蝶，帶給你驚世的美麗。

給自己一個夢想

電視正在播放非洲孩子因為沒有水喝而渴死的報導，主持人在節目結束的時候呼籲大家：「只要捐上 70 美元就能給這些非洲孩子挖出一口水井，請大家熱心地幫助這些可憐的人吧！」電視機前的小男孩看到這裡傷心地哭了。他拉著媽媽的手央求道：「媽媽，我要捐 70 美元給非洲的孩子挖一口井。」面對他的請求，媽媽根本就沒當回事，小男孩只好沮喪地走開了。可是一整天，他腦子裡都在想著這一件事。

晚飯時，小男孩又向爸爸媽媽提起了這件事。「不，」媽媽說，「光是 70 美元並不能解決問題。況且你也是個孩子，你沒有這個能力！」小男孩把求助的目光投向了爸爸。

「這是個可笑的想法，我的孩子……」爸爸還想說下去，小男孩哭著叫道：「你們根本不明白！那裡的人們沒有乾淨的水喝，孩子們正在死去，他們需要這筆錢！」

小男孩每天都要向父母請求，小男孩的爸爸媽媽不得不認真地討論這件事，然後，他們告訴小男孩：「如果你真的想要，你可以藉由自己的勞動湊齊這一筆錢，比如打掃房間、清理垃圾，我們會給你報酬。」

第二章　宏偉夢想—遨遊藍天的羽翼

小男孩的第一份「工作」就是幫助媽媽打掃客廳的衛生，最後，他從媽媽那裡得到了 2 美元。

小男孩的爺爺知道了這件事情之後，有些心疼自己的孫子，就對孩子的爸爸說：「你們為什麼不直接給他這一筆錢呢？還要這樣來對待自己的孩子？」小男孩的爸爸說：「這樣做主要是鍛鍊他的做事能力。他很快就會厭煩的。」媽媽也附和道：「一個 6 歲小孩的想法太可笑了，簡直不可思議……誰會認真對待這種胡思亂想呢？」

可一年過去了，小男孩非但沒有放棄，反而更加賣力了。每當爸爸媽媽勸他放棄時，小男孩就說：「我一定要賺到足夠的錢，為非洲的孩子挖一口水井！」

鄰居們知道了小男孩的夢想，都被小男孩的執著感動了，紛紛幫助他。不久，小男孩的故事上了報紙和電視臺，他的名字也傳遍了整個國家。

一個月後，在小男孩家的郵筒裡出現了一封陌生的來信，裡面有一張 30 萬美元的支票，還有一張便條：「但願我可以為你和非洲的孩子們做得更多。」

在不到兩月的時間裡，就有上千萬元的捐款匯來支持小男孩實現夢想。四年過去，這個夢想竟成為有上萬人參加的一項事業。如今，他的夢想已基本實現，在缺水最嚴重的非洲烏干達地區，有 56％的人能夠喝上純淨的井水。

有人問他：「你為什麼要這樣做呢？」小男孩說：「這是我的夢想，我堅信這個世界上沒有什麼事情是不可能的，只要你想做，你就能成功！」

身為父母要知道

夢想是孩子人生的奮鬥目標，也是孩子不斷進取的動力。沒有夢想的孩子就會失去前進的動力，會表現出對生活、學習缺乏熱情和激情，終日無所事事，碌碌無為地度過每一天。

對於夢想，父母和孩子之間的想法是有很大差別的。身為孩子來講，由於年齡小，他對自己未來的設想是建立在目前對生活有限的認識和興趣愛好之上的，而大人則是在較為豐富的社會閱歷基礎上，用成人世俗的眼光，代替孩子來設想他的未來。

故事中小男孩想給非洲兒童挖出一口水井的夢想，一直支持著他所有的行動，最終也取得了輝煌效果。

故事中，小男孩的父母由最初對小男孩的夢想不屑一顧，到最後變相的支持，給我們每一位家長一個提醒：支持孩子實現夢想的方式有千萬條，最好的方式是有父母的參與。

身為孩子要懂得

假如你清楚地知道自己需要什麼，那麼，當你看見它的時候，你就會很快地認出它，並能緊緊地抓住它。因此說，無論你是追求成績，或獲取健康；還是謀求功名，或尋找快樂；無論尋求利益，或追逐自由……如果要達到目的，首先必須要有一種強烈的渴望，並鍥而不捨地為之奮鬥。

堅持夢想不放棄

老教師就要退休了，他開始整理自己辦公室裡的文件。他拉開一個抽

第二章　宏偉夢想—遨遊藍天的羽翼

屜，被裡面的一疊小學生作文吸引住了，作文的題目是〈我的夢想〉，孩子們都在作文本上寫下了自己的夢想。

一個學生寫道：我以後一定要當一艘超級巨輪的船長，因為有一次在海裡游泳時，我喝了 3 公升海水都沒被淹死。一個學生說：我將來必定是法國的總統，因為我能背出 29 個法國城市的名字，而同班的其他同學最多只能背出 9 個⋯⋯最讓老師覺得不可思議的是一個叫戴維的學生，他說他一定要成為英國的一位內閣大臣，因為在英國還沒有一個盲人進入過內閣。

總之，孩子們都在作文中認真地描繪著自己的未來，五花八門，各種各樣的想法都有。

老師讀著這些作文，突然有一種衝動：他要寫信給這些孩子們，看 25 年後的現在他們是否都實現了自己最初的夢想。

很快，他就收到了學生們的回信，他們都向老師致謝，感謝老師仍然保存著他們年幼時的夢想，並且他們希望得到那本作文簿，重溫兒時的夢想。這中間有商人、學者及政府官員，更多的是普普通通的人。

老師滿足了他們的願望。但他覺得奇怪的是：只有那個叫戴維的盲人學生沒有來信。

一年過去了，老師仍然沒有收到戴維的來信，老師想，或許那個叫戴維的人已經不在人世。畢竟 25 年了，25 年間是什麼事都可能發生的。

就在老師準備把這個本子送給一家私人收藏館時，內閣教育大臣寄來了一封信：「我是您當年的學生戴維，感謝您還為我們保存著兒時的夢想。不過我已經不需要那個本子了，因為從那時起，我的夢想就一直在我的腦子裡。我現在已經實現了那個夢想。我一直相信只要不讓年輕時的夢想隨歲月飄逝，成功總有一天會出現在你的面前。」

作為英國第一位盲人大臣，戴維用自己的成就證明了一個真理：假如誰能把兒時想當總統的願望保持 30 年，那麼他現在一定已經是總統了。

身為父母要知道

一個平凡者和一個偉大者之間，並沒有不可逾越的鴻溝，關鍵是能否把宏偉的夢想化為催人奮進的動力。

父母應該讓孩子知道，只有樹立起遠大的志向，並煥發出火一般的熱情，充分發揮自己的主觀能動性，衝破層層阻力和障礙，克服重重困難，為實現自己的志向而奮鬥，才能將夢想化為現實。

身為孩子要懂得

在人生的路途上，有很多東西可以捨棄掉，唯獨夢想不能放棄，放棄了夢想等於是放棄了希望。沒有了希望，沒有了目標，這等於把一個人放在了一片沒有生命力的荒原上，沒有陽光，便沒有指明前進方向的指路燈，等待自己的只有滅亡。

第二章　宏偉夢想—遨遊藍天的羽翼

第三章
樂觀心態 ── 成就未來的力量

　　樂觀心態是痛苦時的安慰自我的靈丹妙藥，是成就未來的力量，是逆境中的釋然一笑。一個人若能將個人的生命融入人類生命的激流之中，便能歡暢地享受人生至高無上的快樂。在一個人的內心，如果沒有了悲觀和痛苦的字眼，那麼，心裡甜，吃著苦菜也會覺得格外地香。

享受樂趣，就能把事做好

　　日本有一項國家級的獎項，叫「終生成就獎」。在素來都把榮譽看得比自己的生命更為重要的日本人心目中，這是一項人人都夢寐以求卻又高不可攀的至高榮譽。在日本，有無數的社會菁英、博學人士一輩子努力奮鬥的目標，就是希望能夠最終獲得這項大獎。但最近一屆的「終生成就獎」，卻在舉國上下的期盼和矚目中，出人意料地頒發給了一位名叫清水龜之助的小人物。

第三章　樂觀心態—成就未來的力量

　　清水龜之助是東京一名名不見經傳的郵差，他每天的工作，就是將各式各樣的郵件快速而準確地投送到每一個相關的家庭。與那些長期從事能夠推動人類歷史快速發展的高尖端科技研究的專家學者們相比，清水龜之助所從事的工作，簡直就是微不足道、不值一提的事。然而，就是這位長期從事著如此平淡無奇的郵差工作的清水龜之助，卻無可爭議地獲得了這項殊榮。

　　在他從事郵差工作的整整 25 年中，清水龜之助的工作態度始終和他到職第一天的那種認真和投入沒有什麼兩樣。在不算短暫的 25 年中，他從未有過請假、遲到、早退、脫離崗位等任何不良情況。而且他所經手投遞的數以億計的郵件，從未出現過任何差錯。不論是狂風暴雨，還是地凍天寒，甚至在大地震的災難當中，他都能夠及時而準確地把郵件投送到收件人的手中。

　　是什麼樣的力量支持著清水龜之助幾十年如一日，持之以恆地把一件極為平凡普通的工作，鑄造成了一項偉大無比的成就呢？清水龜之助對此不無感慨地說：「是快樂，我從我所從事的工作中，感受了無窮的快樂。」

　　清水龜之助說，他之所以能夠 25 年如一日地做好郵差這份卑微的工作，主要是他喜歡看到人們在接獲遠方親友捎來的信件時，臉上出現的那種發自內心的快樂而欣喜的表情。自己微不足道的工作，竟然能夠給別人帶來莫大的心靈安慰和精神快樂，這使他感到更大的欣慰和快樂，所以他覺得自己的工作神聖而有意義。他說，只要一想起收件人臉上蕩漾開來的那種快樂表情，即使再惡劣的天氣，再危險的境況，也無法阻止他一定要將郵件送達的決心。

身為父母要知道

　　法國哲學家阿蘭在論述把快樂的智慧用於和煩惱做各種各樣事務時說：

「煩惱是我們患的一種精神上的短視病，應該向遠處看並保持積極樂觀的心態，這樣我們的腳步就會更加堅定，內心也就更加泰然。」

快樂的心態，讓清水龜之助在平凡的職位上一做就是 25 年，用樂觀的心態，最終收穫了成功。

著名成功學家拿破崙‧希爾也曾說過：「人與人之間只有很小的差異，但是這樣小的差異卻往往造成巨大的差異，很小的差異就是所具備的心態是積極的還是消極的，巨大的差異就是成功與失敗。」

所以，身為父母，一定要培養孩子豁達的心胸和快樂的心態，這是生活中一個良好的習慣，如果你想做一個好父母，請幫助孩子養成這種樂觀的精神，它會使孩子受益終生。

身為孩子要懂得

全身心地投入到你所從事的事情中，如此一來，即便是機械式的工作，你也能從中獲得快樂。快樂不需要主動尋找，只要你認真對待生活，享受生活；認真對待工作，享受工作，快樂不請自來。

用輕鬆的心態看待輸贏

這是一次殘酷的長跑角逐，參賽的有幾十個人，他們都是從各地高手中選拔出來的。

然而最後得獎的名額只有三個，所以競爭格外激烈。

一個選手以一步之差落在了後面，成為第四名。他受到的責難遠比那些成績更差的選手多。

第三章　樂觀心態—成就未來的力量

「真是功虧一簣，跑成這個樣子，跟倒數第一有什麼區別？」

這就是眾人的看法。

這個選手卻若無其事地說：「雖然沒有得獎，但是在所有沒得到名次的選手中，我名列第一。」

身為父母要知道

現在的社會競爭激烈，需要一定的競爭意識。如果孩子只能贏，不能輸，說明其勇於競爭，有上進心，不甘落後，這是好的方面。但如果家長不能加以正確引導，一味任孩子持有只能贏，不能輸的想法，孩子可能因太想贏而「欺軟怕硬」，贏了弱者趾高氣揚，碰到強者不敢挑戰。這樣，孩子的心態就會出問題，耐挫力受到影響。因此，父母要讓孩子明白兩個道理：

一是認輸並不是服輸

認輸只是承認自己當時不如別人，但並不意味著甘願一直不如別人。輸了之後，要認真分析原因所在，以便提高自己的能力，爭取下一次能贏。

二是勝敗乃兵家常事

競賽總有贏也有輸，能贏固然很好，輸了也沒有關係，只要盡了最大努力就行。

身為孩子要懂得

人之一生，要經歷眾多大大小小的競爭，難免遭遇失利。如果將每一次失利都放在心上，快樂就會跟我們絕緣。只有用輕鬆的心態看待輸贏，總結教訓，累積經驗，才能在下一次做得更好。

每件事中都有快樂因子

小明拿著剛買的一支牛奶冰淇淋，一邊走一邊吃，感到十分快樂。忽然一不小心，整支冰淇淋掉在地上，和泥沙混在一起。

小明愣愣地待在那裡，一句話也說不出來，只是睜大了眼睛看著地上的冰淇淋。

這時，有個老太太走過來，對彼得說：「既然你碰到這樣壞的遭遇，脫下鞋子，我給你看一件有意思的事情！」

老太太說：「用腳踩冰淇淋，重重地踩，看冰淇淋從你腳趾縫隙中冒出來。」小明照著她的話去做。

老太太高興地笑著說：「我敢打賭，這裡沒有一個孩子嘗過腳踩冰淇淋的滋味！現在跑回家去，把這有趣的經驗告訴你媽媽。」

接著，老太太說：「要記住！不管遭遇什麼，你總可以在其中找到樂趣！」

這件事，使小明受到了啟發，他很快學會了這種處世方法。

不久後的一天午後，一場大雨在地面上形成一窪窪的小水坑。小明的媽媽帶著他，小心翼翼地避開人行道上的積水。不料，一輛計程車從身邊疾駛而過，將兩人的身上濺滿了水。

小明的母親很生氣，旁邊的小明卻興奮地對媽媽說：「遇水則發，我們要發了。」

正在生氣的母親聽到這樣可愛的童言稚語，也不禁莞爾一笑，兩人快快樂樂地踩著積水回家了。

第三章　樂觀心態—成就未來的力量

身為父母要知道

快樂是什麼？快樂是每一位母親忙碌的身影，快樂是每一位父親斥責的聲音。

快樂是我們生活中的每件小事。快樂是人與人相處中的點點滴滴。快樂是一種心理感受。要不要快樂由你自己決定。懂得快樂、善於快樂實在是一種智慧、一種氣度、一種氣魄。

父母要幫助孩子用心尋找生活中值得高興的事情。事實上，任何一件事情都有正反兩面，如果你讓孩子只看到了壞的一面，那麼快樂的因子也將隨之消失；相反，如果孩子在你的指導下，看到了隱藏著的快樂因子，那麼，快樂也就隨之而來。

身為孩子要懂得

假使你對自己的現狀有所不滿，試圖改變它，那麼請先改變你的心態。如果你用積極的心態微笑著面對難題，難題或許將不再是難題，問題也許將迎刃而解。

多給自己積極的心理暗示

約翰‧伍登在 40 年的教練生涯中所帶領的高中和大學球隊獲勝的概率在 80% 以上，在全美 12 年的籃球年賽中，他帶領的球隊曾替加州大學洛杉磯分校贏得 10 次全國總冠軍。如此輝煌的成績，使伍登成為大家公認的有史以來最稱職的籃球教練之一。

曾經有記者問他：「伍登教練，請問你如何保持這種積極的心態？」

伍登很愉快地回答：「每天我在睡覺以前，都會提起精神告訴自己：我今天的表現非常好，而且明天的表現會更好。」

「就只有這麼簡短的一句話嗎？」記者有些不敢相信。

伍登驚訝地問道：「簡短的一句話？這句話我可是堅持了 20 年！這與簡短與否沒關係，關鍵在於你有沒有堅持去做，如果無法持之以恆，就算是長篇大論也沒有幫助。」

伍登教練在生活中也是一個積極樂觀的人。有一次他與朋友開車到市中心，面對擁擠的車潮，朋友感到不滿，繼而頻頻抱怨，但伍登卻欣喜地說：「這裡真是個熱鬧的城市。」

朋友好奇地問：「為什麼你的想法總是異於常人？」

伍登回答說：「一點都不奇怪，我總是只看事物有利的一面。不管是悲是喜，我的生活中永遠都充滿機會，這些機會的出現不會因為我的悲或喜而改變，只要不斷地讓自己保持積極的心態，我就可以掌握機會，激發更多的潛在力量。」

身為父母要知道

積極的心理暗示即良性暗示，能夠對人的心理、行為、情緒產生積極影響和作用；而消極的心理暗示則會破壞或干擾人的正常心理和生理狀態。對於病人來說，積極的心理暗示，會使人增強戰勝疾病的信心，從而有益於病情穩定和症狀消除；消極的心理暗示，則會破壞或干擾人的正常心理和生理狀態，致使體內各器官功能紊亂，抵抗力大大降低。由此，我們可以看出積極暗示的作用。伍登的成功也正是因為他採用積極暗示的結果。

伍登的做法，值得我們學習，不只是要學習積極的心理暗示，還要將這

種積極的心理暗示教給我們的孩子，有意識地訓練孩子進行積極的心理暗示，來點「自我激勵」，這樣孩子才能健康成長。

身為孩子要懂得

積極的心理暗示能給自己更強大的自信，能激發人潛在的力量。因此，時刻鼓勵自己吧，多給自己一些積極的暗示，這有助於你解決難題，擺脫困境。

用平和心態應對困境

從前，有兩個人結伴穿越沙漠。走到中途，水喝完了，其中一人因中暑而不能行動。同伴把一支槍遞給中暑者，再三吩咐：「槍裡有五顆子彈，我走後，每隔兩小時你就對空中鳴放一槍，槍聲會指引我前來與你會合。」說完，同伴滿懷信心找水去了。

躺在沙漠裡的中暑者卻滿腹狐疑：同伴能找到水嗎？能聽到槍聲嗎？他會不會丟下自己這個負擔而獨自離去？

暮色降臨的時候，槍裡只剩下一顆子彈，同伴卻還沒有回來。中暑者確信同伴早已離去，自己只能等待死亡。他想像著沙漠裡的禿鷹飛來，狠狠地啄下他的眼睛，啄食他的身體……

終於，中暑者徹底崩潰了，把最後一顆子彈送進自己的太陽穴。

槍聲響過不久，同伴提著滿壺清水，領著一隊駱駝商旅趕來，可見到的是中暑者溫熱的屍體。

身為父母要知道

　　樂觀者在災難中看到希望，而悲觀者在希望中看到災難。身為父母，我們應該能從這則故事中得到警醒。有時候，毀滅一個人的並不是惡劣的環境，而是他沮喪的心情。當我們遭遇困境時，千萬別沮喪，要保持樂觀的心態，堅信困難即將過去，我們一定能迎來曙光。

　　正因為惡劣環境對一個人有著正反兩方面的作用，作為父母，我們理應好好利用惡劣的環境，來磨練自我，磨練孩子的意志。

　　須知，磨難出英才，富貴多紈絝。磨難和挫折是孩子成長的助推器。沒有經過飢渴的孩子，永遠享受不到食物的甜美；沒有經過困難和磨難，就不會知道成功的喜悅；沒有經歷苦難，再好的日子也不知道叫幸福。孩子沒有應對困難和失敗的充分的心理準備，缺乏戰勝困難的勇氣、信心和辦法，一旦出現困難，只能是束手無策，向困境投降，就像故事中飲彈的人。

身為孩子要懂得

　　每個人的世界、環境，都是自己造成的，你可以將憂鬱、困苦、恐懼、失望等塞滿你的世界，使你的生命變得悲哀、痛苦；你也可以驅除一切憂愁、惡意、恐懼等思想，而使自己生存的環境、空氣變得一片清明。

　　凡是能夠統治自己思想的人，一定能夠以希望替代失望，以積極替代消極，以決心替代懷疑，以樂觀替代悲觀。能夠在心中充滿各種良好的思想，就能肅清一切精神上的敵人。

第三章　樂觀心態—成就未來的力量

換個角度看問題，或許就能找到快樂

湯姆森現在正處於情緒上的低谷期，朋友們得知了他的情況後，建議他去找心理醫生聊聊。心理醫生讓湯姆森把自己覺得心煩的事情都一件一件條列下來，結果有下面幾項：

1. 我的老闆經常對我大聲吼叫。

2. 我的個人所得稅今年要比去年多繳 2,000 元。

3. 我沒有多餘的錢去買禮物給我的女朋友。

心理醫生在第一條後面寫下：「太好啦！老闆還能告訴你他的感受，真好。這表示他還十分看重你，否則他早就把你給開除了。」然後，他讓湯姆森在每一條的後面都寫上類似的話，而且都要以「太好啦」開頭。

這可把湯姆森給難住了，他絞盡腦汁，想了又想，終於寫出來了：

「2. 太好啦，這證明了我今年比去年收入得更多，這是一個好的兆頭。」

「3. 太好啦！我有機會發揮想像力，做一個她想不到的禮物送給她，而不用買那些商店裡毫無特色的禮物。」

醫生問：「你現在的感覺怎麼樣，湯姆森先生？」湯姆森也笑著說：「很奇怪啊，醫生，我在寫這些東西的時候雖然覺得很辛苦，但是隨著我把它們漸漸地寫出來的時候，我的心裡也漸漸地輕鬆起來，我發現事情原來也有好的方面。」

身為父母要知道

快樂其實無時無處不在，只是需要你善於挖掘。從現在起，每天找尋一件讓自己快樂的事，一年下來，你就會找到 365 個快樂。快樂會積少成多，除此以外，帶來的滿足感也更多。堅持下去，你的胸懷、你的氣度、你看問

題的角度都會發生改變，你會成為一個令人羨慕的人。

快樂如同悲傷一樣，也會傳染，當你感受到了快樂，你周圍的人同樣能得到快樂。最直接的受益者是你的孩子。

身為父母，你要將尋找快樂的方法告訴你的孩子。這樣，他不僅能感受到你的快樂，還能自己主動找到快樂。

身為孩子要懂得

一個人要想得到快樂，就要用積極的心態去做一切事情。一個懂得欣賞平凡小事的人是最幸運的人。沒有積極的心態，一個人是不可能懂得欣賞平凡小事的，更不可能從中獲得快樂，又何談幸運呢？

從最喜歡做的事情中挖掘快樂

泰勒是紐約郊區的一位神父。

那天，郊區醫院裡一位病人生命垂危，他被請過去主持臨終前的懺悔。

他到醫院後聽到了這樣一段話：「我喜歡唱歌，音樂是我的生命，我的願望是唱遍美國。作為一名黑人，我實現了這個願望，我沒有什麼要懺悔的。現在我只想說，感謝您，您讓我愉快地度過了一生，並讓我用歌聲養活了我的 6 個孩子。現在我的生命就要結束了，但死而無憾。仁慈的神父，現在我只想請您轉告我的孩子，讓他們做自己喜歡做的事吧，他們的父親是會為他們驕傲的。」

一個流浪歌手，臨終時能說出這樣的話，讓泰勒神父感到非常吃驚，因為這名黑人歌手的所有財產，就是一把吉他。他的工作是每到一處，把頭上

第三章　樂觀心態—成就未來的力量

的帽子放在地上，開始唱歌。40 年來，他用自己蒼涼的西部歌曲，感染他的聽眾，從而換取那份他應得的報酬。他雖然不是一個腰纏萬貫的富豪，可他從不缺少快樂。他過著簡單的生活，有著一顆容易滿足的心。

泰勒神父在之後的一次演講中講到了這件事，他總結道：「原來最有意義的活法很簡單，就是做自己喜歡做的事，並從中發掘出快樂。」

身為父母要知道

心理學說明，當一個人從事自己所喜愛的職業時，他的心情是愉快的，態度是積極的，而且他也很有可能在所喜歡的領域裡發揮最大的才能，創造最佳的成績。

所以，身為父母，要鼓勵和支持孩子從事自己最喜愛的職業。哪怕這職位是那樣的卑微、渺小，只要快樂就行。因為快樂是最大的幸福。

身為孩子要懂得

職業沒有貴賤，快樂不分尊卑。做自己喜歡的事，快樂也就隨之而來。當然，做自己喜歡的事，絕不是率性而為，更不能違背倫理法紀。

奉獻是產生快樂的源泉

「我一定要斷然拒絕他們的要求。」出門之前，老貴婦心裡這麼想。

這一天下著很大的雨，她在這樣的天氣卻不顧一切地跑出來，目的是想趕快讓這件煩心事儘早結束。

老貴婦平時以慈善家聞名。到目前為止，她幫助了很多需要幫助的人。

可是，大家希望她捐出祖傳的土地來建造孤兒院，她無法同意。她對祖先傳下來的那一片土地有無限的感情，何況此後的主要收入來源就靠那塊土地。說得嚴重一點，她若失去這一塊土地，她的生活馬上就要受到影響。

「不管對方如何懇求，也不能起一丁點同情心，否則……」老貴婦更加堅定了自己的想法。

雨越來越大，風也吹得更起勁了。不久，她到了一家慈善機構。她推開大門，想在門口尋找一雙乾拖鞋換掉腳上的溼鞋。

「請進！」這時候，一位女辦公員出現在她眼前。女辦公員看到她沒有找到拖鞋，立刻毫不猶豫地脫下自己的拖鞋給老貴婦。

「真抱歉，所有的拖鞋都給別人穿了。」那位小姐還向她懇切地道歉。

老貴婦看到對方脫下鞋之後踩在地板上，剎那間襪子就被沾溼了。

老貴婦感動莫名。就在那一瞬間，她才感悟到「施予」的真正意義。

她想：「平時，我被大家稱為慈善家，可是我捐出來的，全是自己不再使用的舊東西，再就是挪用多餘的零用錢。真正的施予，應該是拿出對自己來說是最重要的東西，那才有莫大的價值呀！」

老貴婦突然決定捐出那塊祖傳的土地給這個慈善機構，為可憐的孩子們建立一個設備完善的孤兒院。

老貴婦微笑著對那位女辦公員說：「好溫暖的拖鞋。」

女辦公員紅了臉：「對不起，實在是沒有乾淨的拖鞋讓您換上。」

老貴婦連忙打斷她的話：「不，不，我不是這個意思，我是說妳的善心令人感到溫暖……」

第三章　樂觀心態—成就未來的力量

身為父母要知道

在物欲橫飛、金錢至上的今天，越來越多的人對金錢趨之若鶩，人們總以一種功利目的看問題、做事情。正是因為這樣，身為孩子的第一任教師，父母不僅應該用「奉獻」精神要求自己，而且應該培養下一代具有「奉獻」精神。

身為孩子要懂得

與人為善，助人為樂，才能活出人生的境界。要知道：人生最大的快樂不在於占有什麼，而在於享受奉獻的過程。快樂的人總是以自己能夠給別人帶來多少快樂作為快樂的標準。他看重的不是占有，而是對人的奉獻，在奉獻的同時去感受別人的快樂，並從別人的快樂中找到自己的快樂。

樂觀是一種積極的生活態度

老人在河邊散步，看到一位年輕人站在那裡唉聲嘆氣。

「孩子，你遇到了什麼不開心的事情嗎？」老人關切地問。

年輕人看了一眼老人，嘆了口氣：「我是一個名副其實的窮光蛋。我沒有房子、沒有太太、沒有工作、整天有一頓沒一頓地度日，怎麼能高興得起來呢？」

「傻孩子，」老人笑道，「其實，你應該開懷大笑才對！」

「開懷大笑？為什麼？」年輕人不解地問。

「你不知道你自己就是一個百萬富翁呢！」老人有點神祕地說。

「百萬富翁？您別取笑我這個窮光蛋了。」年輕人不高興了。

「我怎麼會取笑你？孩子，現在能回答我幾個問題嗎？」

「什麼問題？」

「假如，現在我出 20 萬美元買走你的健康，你願意嗎？」

「不願意。」年輕人搖搖頭。

「假如，現在我再出 20 萬美元買走你的青春，讓你從此變成一個小老頭，你願意嗎？」

「當然不願意。」年輕人乾脆地回答。

「假如，我再出 20 萬美元買走你的容貌，讓你從此變成一個醜八怪，你願意嗎？」

「不願意！當然不願意。」年輕人頭搖得像個撥浪鼓。

「假如，我再出 20 萬美元買走你的智慧，讓你從此渾渾噩噩，虛度一生，你願意嗎？」

「傻瓜才願意！」

「別急，請回答完我最後一個問題：假如現在我再出 20 萬美元，讓你去殺人放火。讓你從此失去良心，你願意嗎？」

「天啊！做這種缺德事，魔鬼才願意！」年輕人憤憤地回答道。

「好了，剛才我已經開價 100 萬美元了，仍然買不走你身上的任何東西，你說你不是百萬富翁，又是什麼？」老人微笑著說。

年輕人一下子明白了其中的真諦，他面帶微笑地離開了，因為他相信在他面前等待著他的是嶄新的人生。

身為父母要知道

樂觀是一種性格傾向，使人能看到事情比較有利的一面，期待更有利的

結果。當孩子學會用樂觀積極的心態對待學習、對待生活時，他的未來就會充滿燦爛的陽光。

樂觀是成功的催化劑。樂觀的孩子總認為自己是幸運的，即便身陷囹圄，遭遇挫折，仍然會堅信自己有能力改變現狀，他們會拿出自己最好的狀態與挫折戰鬥，直到把挫折打敗，直到成功突圍。樂觀的心態是孩子應對人生中悲傷、不幸、失敗、痛苦等不良事件的有力武器。故事中的年輕人之所以面帶微笑地離開，是因為他明白了生活的真諦，明白了樂觀才是最重要的。

因此，父母要引導孩子用樂觀心態看待一切。

身為孩子要懂得

樂觀是一種積極的生活態度，一個人如果不會欣賞自己，那麼，快樂很難接近他。事實上，財富的唯一功效就是改變一個人的生存狀態，除此之外，給人帶來的快樂是少之又少。快樂不是憑空產生的，也不是上天的施捨，而是靠你自己用一雙智慧的眼睛去發現。

第四章
良好習慣 —— 改變命運的資本

著名教育家葉聖陶先生說過:「教育是什麼,往簡單方面說,只有一句話,就是養成良好的習慣⋯⋯」培養習慣,就是教育。讓我們大家養成良好的習慣,好的習慣將會成為我們一生受用不盡的寶貴財富,成為我們改變命運的資本。

習慣,讓命運出現轉機

幾年前,德國一家電視臺推出一項徵集「10 秒鐘驚險鏡頭」的活動。在諸多的參賽者之中,一件名叫「臥倒」的作品奪得冠軍。

這個作品在電視臺播出的那天晚上,很多德國人都坐在電視機前觀看。10 秒鐘後,幾乎每個人的眼裡都滿含淚水,足足肅靜了 10 分鐘。

鏡頭畫面是這樣的:在一個小火車站,一個鐵道工正走向自己的執勤的地方,去為一列徐徐而來的火車扳動道岔。在鐵軌的那一頭,另一列火車正從相反的方向駛近小站。假如他不及時扳道岔,兩列火車必定相撞,造成不

第四章　良好習慣—改變命運的資本

可估量的損失。

　　這時，他無意中回了一下頭，突然發現自己的兒子正在鐵軌的那一端玩耍，而那列開始進站的火車就行駛在這條鐵軌上！

　　搶救兒子還是避免一場災難 —— 他可以選擇的時間太少了！那一刻，他威嚴地朝兒子高喊了一聲：「臥倒！」同時，衝過去扳動了道岔。

　　一眨眼的工夫，這列火車進入了預定的軌道。

　　那一邊，另一列火車也呼嘯而過。車上的旅客不知道，他們的生命曾經歷千鈞一髮；他們更不知道，一個小生命正臥倒在鐵軌邊 —— 火車轟鳴著駛過去，上帝保佑，他毫髮無損。

　　這驚險的一幕，剛好被一個從此經過的電視記者以鏡頭記錄下來。

　　觀眾猜測，那個鐵道工一定是一位非常出色的人。後來人們才知道，他其實只是一個普普通通的工人。許多記者在進一步的採訪中了解到，他唯一的優點就是忠於職守，從沒遲到、早退、曠工或耽誤過一秒鐘。

　　這個故事幾乎使每個人都感到震驚，而更讓人意想不到的是，鐵道工的兒子竟然是一個智能障礙兒童。他告訴記者，他曾無數次和兒子一起玩打仗的遊戲，每次他喊「臥倒」的時候，兒子就會高興地執行這個命令。在生死攸關的那一秒鐘，兒子再次奉命「臥倒」，於是避免了一場天災人禍的事故。

身為父母要知道

　　在生死一念之間，是習慣讓一個智商不高的孩子採取了正確的行動，一個快速「臥倒」讓他化險為夷。

　　可以說，是習慣，讓命運出現了轉機，讓災難如煙消雲散。父親忠於職守的習慣改變了兩列火車上旅客的命運，兒子服從命令的習慣又拯救

了自己。

　　當然，就故事中兒子這樣的習慣談不上好，也說不上壞。但是，正是這一不好不壞的習慣在關鍵時刻避免了悲劇的發生，這也從另一方面說明了習慣的威力。

　　這也告誡父母，要多關注孩子，督促孩子養成好習慣。

　　許多教育家都把孩子的習慣養成當成教育的第一要務，不少有經驗的教師也把孩子的習慣培養當成工作重點，抓住不放，直至習慣養成，因為他們知道良好習慣的養成能起到一勞永逸的作用。身為孩子的父母，更是應該從一開始便培養孩子的良好習慣。

身為孩子要懂得

　　良好的習慣乃是人在其神經系統中存放的美好資本，隨著好習慣的增多，這個資本在不斷地增值，而人整個一生中都享受著它的利息。相反，如果惡習跟隨人一生，那麼它就會像毒瘤一樣慢慢侵蝕你，最終危害你的人生。

好習慣帶來好機會

　　一位非常富有但脾氣古怪的老紳士想要找一個男僕。他的要求是，這個年輕人必須是個有教養的人。很快老紳士就收到近百封求職信，他逐一對這些人進行考核後，確定 4 個年輕人來參加最後的面試。

　　老紳士提前準備了一間房子，要求 4 個人先後進屋，各自在屋裡坐一會兒。

第四章　良好習慣—改變命運的資本

查爾斯第一個進入房間。剛開始的時候他非常安靜，過了一會兒，他看見桌子上擺放著一個罩子，好奇心讓他很想知道這個罩子下面到底是什麼。於是查爾斯站起來掀開了罩子，原來裡面是一堆白色的羽毛。他急忙把罩子蓋下去，可是輕輕的羽毛卻被風吹得滿房間亂飛。他想撿起羽毛放回桌上，結果弄得地上越來越多。

老紳士在隔壁的房間看得很清楚，結果查爾斯落選了。

亨利是第二個進入房間的人。他剛一走進去就被一盤誘人的、熟透的櫻桃吸引了。「這麼多櫻桃，吃掉一顆，別人是不會發現的。」亨利心裡想著，於是就順手拿起了一個最大的櫻桃放進了嘴裡。但是這個櫻桃的滋味並不像他想像的那樣甜，而是非常酸澀，他忍不住把櫻桃吐了出來。

亨利被打發走了。

接下來的是魯弗斯·馬克，他走進屋在椅子上坐了一會兒，四處打量這間裝飾精美的房間。他看到櫃子上有一排抽屜，其中一個沒有上鎖，於是決定拉開那個抽屜看看裡面究竟有什麼好玩的東西。但是，他剛剛將手放在抽屜的把手上，就響起了一陣刺耳的鈴聲。

老紳士走進屋，氣憤地把魯弗斯·馬克趕出了房間。

最後一個進入房間的男孩名叫哈利·傑克遜。他在房間的椅子上靜靜地坐了 20 分鐘，沒有四處張望，也沒有到處亂動。半個小時後，老紳士進來了。「我屋裡有那麼多新奇的東西，難道你不想看一看嗎？」他對哈利說。「不，先生，沒有你在場，沒得到你的允許，我是不能動任何東西的。」哈利回答說，「這是我媽媽告訴我的，她說，無論何時何地都不能對別人的東西產生好奇。」

老紳士熱情地擁抱了哈利，說道：「好孩子，如果你願意，請留下

來吧！」

哈利一直服侍著老紳士，他們像父子般一起生活了很多年。當老人去世的時候，他給哈利留下了很大一筆遺產，從此以後，哈利過上了富裕幸福的生活。

身為父母要知道

養成好的行為習慣實際是在學習「做人」。如果你讓孩子養成了比較好的行為習慣，就可以說，你在按「做人」的標準培養孩子。

怎麼才能培養孩子的好習慣呢？

第一，讓孩子從小事做起，注意細節。

一個人的習慣好不好，人格高不高，往往反映在小事上。要讓孩子明辨是非，隨時提醒孩子，比如，待人接物的禮儀等。

第二，讓孩子有個好的開頭。

習慣是需要過程養成的，而過程都有開頭。只要是孩子想好了準備做的事，就要督促他果斷地開頭，不要拖，不要等。

第三，督促孩子堅持下去。

開了好頭就要持之以恆，遇到困難要咬牙堅持，千萬不能輕易放棄。

給孩子找一些社會工作，鍛鍊他的責任意識、為他人服務的意識。

身為孩子要懂得

習慣是人生之基，而基礎的優劣決定人的發展前景。大量事實證明，習慣如何，常常可以決定一個人的成敗，也可能導致事業的成敗。

第四章　良好習慣—改變命運的資本

好習慣是一種美德

有一回，瑪麗亞把車停在佛蒙特州南部的森林裡，附近的一位農夫倒車時不小心將她的汽車撞扁了一塊，而瑪麗亞當時不在現場。當她回來取車時，發現車窗上貼著一張紙條，上面工工整整地寫著一行字：「我們等著您。」下面是一個電話號碼。

後來她在農夫家的飯廳裡與他本人見面了，當她對農夫主動承擔責任的精神表示感謝時，對方平淡地回答說：「這是我們做事的習慣。」他的妻子則微笑著在旁邊用圍裙擦著手，也附和著丈夫這樣說。

許多年過去了，瑪麗亞始終記著這個情景和這句話。這對正直、體貼人的農家夫婦現在生活得好嗎？她決定再次拜訪他們的農舍。

帶著自家烘製的餡餅，瑪麗亞駕駛著汽車朝佛蒙特州的南部駛去。一路上她使勁地搜索著記憶中的小屋。停下車，她向人們描繪著記憶中的農場 —— 低矮的蘋果林邊有一個石頭砌成的穀倉，大片的向日葵地，屋前的花壇裡種著太陽花、瓜葉菊和毛地黃……路人笑著對她說：「我們這個州有三分之一的農場類似這樣，小姐，除非妳能說出姓名。」

但瑪麗亞說不出他們的名字。

「許多人都會這麼做的。真的，這是我們做事的習慣。」一個正用乾草餵著一群比利時栗色馬的老婦人，聽她複述往事後這樣說。

幾個小時後，瑪麗亞把車開進了野餐區，這裡有清澈的小溪，四周種植著大片果樹，可她卻為這次重返舊地一無所獲而心情不佳。

「對不起，小姐，我想不得不打擾妳一下。」一對陌生人過來，他們正為自己的車鑰匙被鎖進了汽車而不知所措。

「我可以替他們打電話請來鎖匠，或許讓他們搭我的車回城……」瑪麗亞想。於是她請他們上了車，一路向城裡開去。那位夫人向她介紹說，她丈夫是個植物學家，他們正一路旅行去北方收集蕨類植物。

他們終於把鎖匠從城裡帶回了野餐營地。鎖匠工作時，瑪麗亞則和他們夫婦在露天餐桌邊坐下，共同分享她帶來的餡餅。植物學家興奮地說：「妳真好，沒有妳的幫助我們真不知怎麼辦。」瑪麗亞俏皮地笑著回答：「這是我們做事的習慣。」接著就把當年的故事告訴了他們，並傾訴了此次尋找無著的懊惱。

教授的夫人聽了她的話，甜甜地說：「尋找？妳已經尋找到這裡的『習慣』啦。」

身為父母要知道

葉聖陶說：「凡是好的態度和好的方法，都要使它化為習慣，只有熟練得成了習慣，好的態度和好的方法才能隨時隨地表現，好的方法才能隨時隨地應用，好像出於本能，一輩子也用不盡。」

好習慣會讓孩子受益一生。良好的習慣最終要落在外在行為上。因此，習慣的養成主要應透過行為訓練和行為強化來進行。在行為的訓練和強化中不能忽視這以下幾個重點指標：

1. 真誠待人

讓孩子待人有禮貌（禮貌用語、基本禮儀和禮節等）、孝敬父母（理解、尊重、關心），與自己的夥伴或朋友真誠相待。

2. 遇事認真負責

孩子能做的事情讓孩子自己做，讓孩子認真履行自己負擔的職責、勇於

承擔責任。

3. 自信自強

讓孩子養成生活有規律、按時作息的習慣。

身為孩子要懂得

好習慣是一種美德，它能讓你在無意間收穫成功。因此，在日常生活中我們要養成好的習慣，以便讓它在你奮勇前行時助你一臂之力。

好習慣讓人終生受益

世界球王，被人們稱為「黑珍珠」的巴西足球運動員比利，自幼酷愛足球運動，並很早就顯示出他過人的才華。

有一次，比利參加了一場激烈的足球賽，累得喘不過氣來。

休息時，比利向小夥伴要了一根菸。他得意地抽著菸，嘴裡吐出一縷縷淡淡的煙霧。比利有點陶醉了，似乎剛才極度的疲勞也煙消雲散了。

這一切，全被父親看到了，父親深深蹙著眉頭。

晚上，父親坐在椅子上問比利：「你今天抽菸了？」

「抽了。」比利意識到自己做錯了事，紅著臉，低下了頭，準備接受父親的訓斥。

但是，父親並沒有發火。他從椅子上站起來，在屋裡來來回回走了好一陣子，才平靜地對比利說：「孩子，你有幾分踢球的天賦，也許將來會有出息。可惜，抽菸會損害身體，你現在要是抽菸了，就會使你在比賽時發揮不出應有的水準。」

比利的頭更低了。父親又語重心長地接著說：「作為父親，我有責任教育你向好的方面努力，也有責任制止你的不良行為。但是，是向好的方向努力，還是向壞的方向去，做決定的是你自己。我只想問問你，你是願意抽菸呢？還是願意做個傑出的運動員？孩子，你該懂事了，自己選擇吧。」說著，父親還從口袋裡掏出一疊鈔票，遞給比利，並說道：「如果你不願意做個有出息的運動員，執意要抽菸的話，這點錢就作為你抽菸的經費吧！」父親說完便走了出去。

比利望著父親遠去的背影，仔細回味著父親那深沉而又懇切的話語，不由得哭了。他哭得好難過，過了好一陣，才止住哭聲。小比利猛然醒悟了，他拿起桌上的鈔票還給了父親，並堅決地說：「爸爸，我再也不抽菸了，我一定要當個有出息的運動員。」

從此以後，比利不但與菸無緣，還刻苦訓練，球藝飛速提高。15 歲參加桑托斯職業足球隊，16 歲進入巴西國家隊，並為巴西隊永久占有「雷米金盃」立下奇功。如今，比利已成為擁有眾多企業的富翁，但他仍然不抽菸。

身為父母要知道

「三歲看大，七歲看老」，其含義之一便是從孩子兒時的習慣推測他的將來。大量的事實證明，一個人的習慣如何，將決定他一生的成功與否。毫無疑問，父母身為孩子的第一任教師，必須承擔起最基本也是最重要的責任：培養孩子的良好習慣。

葉聖陶說：「教育就是習慣的培養。」比如培養孩子想像能力、創造能力，培養孩子懂得湧泉相報，培養孩子幫助別人，培養孩子自己管好自己，培養孩子自理能力等等。凡是好的態度、好的方法都要化為習慣，只有成為

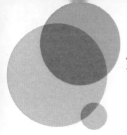

第四章　良好習慣—改變命運的資本

習慣，好的態度才能隨時隨地被應用。

身為孩子要懂得

行為變為習慣，習慣養成性格，性格決定命運。一個動作，一種行為，多次重複，就能進入人的潛意識，變成習慣性動作。人的知識累積、才能增長、極限突破等等，都是習慣性動作、行為不斷重複的結果。一言以蔽之，習慣是一種極其強大的驅動力，它指引你的行為，塑造你的性格，主宰你的人生。因此，人自幼就應該透過完美的教育，建立一種好習慣。

節儉鑄就輝煌

19 世紀，石油巨頭成千上萬，最後只有洛克斐勒獨領風騷，其成功絕非偶然。有關專家在分析他的致富之道時發現，精打細算是他取得成就的主要原因。

洛克斐勒踏入社會後的第一個工作，就是在一家名為休威‧泰德（Hewitt & Tuttle）的公司當簿記員，這為他以後的生涯打下了良好的基礎。由於他在該公司的勤懇、認真、嚴謹，不僅把本職工作做得井井有條，還幾次在送交商行的單據上查出了錯漏之處，為公司節省了數筆可觀的支出，因此深得老闆的賞識。

後來，洛克斐勒在自己的公司中，更是注重成本的節約，提煉加工原油的成本也要計算到第 3 位小數點。為此，他每天早上一上班，就要求公司各部門將一份有關淨利的報表送上來。經過多年的商業洗禮，洛克斐勒能夠準確地查閱報上來的成本開支、銷售以及損益等各項數字，並能從中發現問

題，以此來考核每個部門的工作。1879 年，他質問一個煉油廠的經理：「為什麼你們提煉一加侖原油要花 1 美分 8 釐 2 毫，而東部的一個煉油廠同樣的工作只要 9 釐 1 毫？」就連價值極微小的油桶塞子他也不放過，他曾寫過這樣的信：「上個月你廠彙報庫存有 1,119 個塞子，本月初送去你廠 10,000 個，本月你廠使用 9,527 個，而現在報告剩餘 912 個，那麼其他的 680 個塞子哪裡去了？」

洛克斐勒洞察入微，追根究柢，不容你隨便行事。正如後人對他的評價，洛克斐勒是統計分析、成本會計和單位計價的一名先驅，是今天大企業的「一塊拱頂石」。

身為父母要知道

節約既是一種良好的習慣，也是一種美德。從小培養孩子的節約美德，養成勤儉節約的好習慣，必將使孩子終生受益。

要培養孩子勤儉節約的好習慣，既要強化孩子的節約意識，也要幫助孩子累積一定的節約經驗、手段和方法，最後是讓節約成為孩子們的自覺行為。

讓節約成為孩子的自覺行為，這個階段的關鍵是要把握三點：

一是當孩子出現節約行為時，父母一定要及時地予以肯定和鼓勵，看到孩子的節約行為就要及時表揚，支持孩子的節約行為。

二是家長一定要以身作則，時刻注意自己的一言一行，在節約方面為孩子做出好的榜樣，希望孩子做到的，我們大人一定要做到，保證我們的行為可供孩子模仿和學習。

三是堅持、堅持再堅持。習慣的養成，是要經歷較長一個過程的，它是

第四章　良好習慣—改變命運的資本

一個循序漸進的過程，孩子是否能夠養成良好的節約習慣，很大程度在於父母的堅持和培養。

身為孩子要懂得

一個人如果不知節儉，鋪張浪費、貪圖享受，一味追求物質欲望的滿足，必然會導致志趣的低下、志向的短小。牢記：「成由儉，敗由奢」。

勤於思考才能成就偉業

這是愛因斯坦 5 歲時發生的事情：那一天，小愛因斯坦生病了，爸爸怕他躺在病床上太寂寞，就給他帶回來一個小羅盤。

「這是什麼？」小愛因斯坦好奇地問爸爸。他從來沒有見過這種圓圓的東西。

「這是航海用的羅盤。」爸爸說，「你看見它中間這根小指針了沒有？它永遠指著正北的方向。有了它，不管天氣有多壞，風浪有多大，航海的人都不會迷失方向。」

「真的嗎？」小愛因斯坦驚奇地從爸爸手裡接過羅盤，仔仔細細地觀察起來。羅盤中間那根細細的指針立刻吸引了他全部的注意力。無論他把羅盤拿在手裡怎麼晃動、翻轉，那指針輕輕顫動著，始終指向正北的方向。

愛因斯坦用小手指頭把指針輕輕地撥動到相反的方向，可是等他的手指一放開，指針立刻又指向原來的方向。

這簡直是魔術！這根指針的周圍明明什麼也沒有呀！是什麼力量總使它指向北方的呢？小愛因斯坦心裡猜想著：一定有什麼東西藏在這個小小的

羅盤裡。

於是他問爸爸：「這個圓盤裡還藏著什麼東西嗎？」

爸爸用手翻轉羅盤，讓小愛因斯坦前前後後看清楚：「你看，羅盤裡除了這根指針，其他什麼也沒有。」「那是什麼東西使它永遠指向同一個方向的呢？」

「那是磁力，是地球的磁力使它永遠指向北方。」「磁力？磁力又是什麼東西呢？它究竟在哪兒呢？它能使磁針轉動，可為什麼我看不見它，也摸不著它呢？」

小愛因斯坦這一連串的問題，連爸爸也無法回答了，爸爸只好說：「孩子，這些問題你去問你的雅葛布叔叔吧！他是個電機工程師，一定能告訴你這些問題的答案。」

小愛因斯坦果然去問了雅葛布叔叔，但他仍然沒有得到令自己滿意的答覆。

小愛因斯坦並沒有輕易放棄這個令他無法解開的「謎」。在這之後的許多天裡，他每天都拿著看這個小小的羅盤，一次又一次地擺動，翻轉，思索，搖頭……就像著魔似的。爸爸都有點後悔把這個羅盤帶給小愛因斯坦了。

時間一天天地過去了，小愛因斯坦好像已經放下了這個關於磁力的問題。他的家人鬆了一口氣，以為他終於從這個古怪的羅盤中擺脫了出來，從此忘了它。其實，他根本就沒有放棄，更沒有忘記這個關於磁力的問題，甚至可以說，此後的一生中，他都在不斷地思索與磁力有關的各種問題。

正因為愛因斯坦從小就有這種對什麼問題都要問一個「為什麼」的執著，所以他長大以後在物理學的多個領域均有重大貢獻，其中最重大的貢獻是建

第四章　良好習慣—改變命運的資本

立了狹義相對論，並在這基礎上推廣為廣義相對論，為人類的科學事業做出了不朽的貢獻。

身為父母要知道

思考是認識問題、解決問題的主要手段。孩子的頭腦裡對世界出現的一切都在探索，從不知到知，從孤立的到能把事物聯繫起來。父母要鼓勵孩子大膽探索，獨立思考，對於一些難題，父母可以示範，但不可以代替。

父母在面對孩子提出的問題時，要啟發孩子去想，去分析，去運用自己學過的知識和經驗，看書，查參考資料等，讓孩子自己去尋找答案。

孩子在尋找答案的過程中，思維能力就會得到提高。如果孩子實在無法獨立解決問題，父母可以示範，或透過請教他人、查閱資料、反覆思考等方法，讓孩子學習思考的方法。這對孩子的影響是非常大的。

身為孩子要懂得

孔子曰：「學而不思則罔。」學習時，如果不思考，就不可能深刻地領會所學的知識，因此造成困惑、混亂是必然的。人生一世，不僅僅是在學習時要思考，遇到任何事情都要三思。古今中外，凡是有所成就的人，無不是善於思考的人。

自己動手，豐衣足食

有一個眾所周知的老農夫的故事：

當他臨終躺在床上時，他把自己那三個懶惰兒子叫到身邊，告訴他們一

個重要的祕密。「我的孩子，」他說，「在我留給你們的果菜園下面埋藏了許多金銀財寶。」老人氣喘吁吁地說。「那些金銀財寶藏在哪裡？」兒子們迫不及待地問道。「我會告訴你們的，」老人說，「你們應當從地下把它挖出來 ── 」正當他要說出那至關重要的祕密之時，他的呼吸突然停止了。

懶惰的兒子們求金心切，馬上在父親留給他們的果菜園裡大肆挖掘起來。他們掄著鋤頭和鐵鍬，揮汗如雨地把果菜園的土地翻了一遍，連那些雜草叢生、荒蕪了很久的地也被翻整了一遍。他們認真仔細地把土塊弄碎，以免金子漏掉。

最終，他們還是沒有找到金子。

春天到了，他們只好把果菜園的土地全播上種子，沒想到，到秋天，獲得了大豐收，穀倉堆得滿滿的。此時，他們才真正發現「埋藏」在果菜園裡的財寶 ── 他們那明智的老爸爸給他們的「最後關照」 ── 勞動！

身為父母要知道

勞動是光榮的，有勞動才能有收穫。望子成龍的父母應該從小為孩子創造一種環境和條件，對孩子進行早期的勞動訓練，讓孩子做力所能及的事情。讓孩子擁有一雙勤勞的手，會使孩子終身受益。

一個人有無勞動的興趣和習慣，將影響自己的一生。大量事實顯示，不論教育程度、家庭背景、經濟收入如何，種族膚色如何，凡是從小愛做家務、熱愛勞動的孩子長大以後往往特別能幹，事業成就高，生活也很美滿。凡是從小就好吃懶做、不愛勞動的人，長大了多不能吃苦，獨立生活能力差，工作上的成就平平。

因此，父母要鼓勵、放手讓孩子去勞動，以增強孩子獨立活動的能力，

第四章　良好習慣—改變命運的資本

養成他熱愛勞動的品德和習慣。

身為孩子要懂得

勞動，對於一個人的成長來說意義重大。它不僅讓我們明白，究竟是什麼使人類能夠從猿進化到人，是什麼帶來了我們今天這個世界，而且使我們充分體驗到一切物質和精神財富都包含著汗水，使我們有造福和惜福的觀念，使我們的人格得到鍛鍊和昇華。

好的行為習慣是成功的祕訣

在美國，有一個人在一年的每一天裡，都幾乎做著同一件事：天剛剛亮，他就伏在打字機前，開始一天的寫作。這個人名叫史蒂芬‧金，是國際上著名的恐怖小說大師。

史蒂芬‧金的經歷十分坎坷，他曾經潦倒得連電話費都交不起，電信公司因此斷了他的電話線。後來，他成了世界上著名的恐怖小說大師，整天稿約不斷。常常是一部小說還在他的大腦之中儲存著，出版商高額的訂金就支付給了他。如今，他算是世界級的大富翁了。可是，他的每一天，仍然是在勤奮的創作之中度過的。

史蒂芬‧金成功的祕訣很簡單，只有兩個字：「行動」。一年之中，他只有三天的時間是例外的不寫作。也就是說，他只有三天的休息時間。這三天是：生日、聖誕節、美國獨立日。勤奮給他帶來的好處是永不枯竭的靈感。

史蒂芬‧金和一般的作家有點不同。一般的作家在沒有靈感的時候，就去做別的事情，從不逼自己硬寫。但史蒂芬‧金在沒有什麼可寫的情況下，

每天也要堅持寫五千字。這是他在早期寫作時，他的一個老師傳授給他的一條經驗，他也是堅持這麼做的，他說，我從未有過沒有靈感的恐慌。

身為父母要知道

著名的心理學家馬斯洛曾說：「心若改變，你的態度跟著改變；態度改變，你的習慣跟著改變；習慣改變，你的性格跟著改變；性格改變，你的人生跟著改變。」

給你的孩子一個空間，協助他養成良好的習慣吧，因為，良好的習慣是一個人做人、做事、做學問的根本。它能使孩子向著目標，腳踏實地奮進；它能讓孩子奮力前行，不偏離軌道；它能讓孩子享受生活的樂趣與成功時的自豪。

身為孩子要懂得

習慣的力量是強大的，好習慣是一種無形的資產，在不經意間為你贏得意想不到的價值和驚喜。一個好習慣的養成會讓你終生受益，壞習慣則會讓你時常遭受折磨。養成一個好習慣雖然需要你長期的堅持和自律，換來的卻是無盡的財富。

第四章　良好習慣—改變命運的資本

第五章
仁者大度 —— 人生快樂的源泉

　　人間的是非善惡、喜怒哀樂，都要放寬胸懷，坦然接受，路才會越走越寬。大度並非懦弱，而是一種忍辱負重的大智大勇，是能識相、敢擔當、懂化解融通。寬容不是縱容，而是曉之以理，動之以情，考慮的是別人的自尊和承受度。一個人只有寬大為懷，仁者大度，才能得到快樂。只有博大的心胸，才能擁有整個世界。

相逢一笑泯恩仇

　　一支部隊在森林中與敵軍相遇，混戰過後，安德森和傑克與部隊分散了，正好，他們倆來自同一個小鎮。他們在森林中艱難跋涉，十多天過去了，仍然沒有找到部隊。

　　一天，他們打死了一隻麋鹿，依靠鹿肉，兩人又度過了幾天。安德森把僅剩下的一點鹿肉背在身上，不幸地，他們又一次碰到敵軍。經過幾回激戰，他們巧妙地避開了敵人。

第五章 仁者大度—人生快樂的源泉

就在自以為已經安全時，安德森聽見一聲槍響，頓時中彈倒地。傑克惶恐地跑了過來。他害怕得語無倫次，緊抱著戰友淚流不止，並把自己的上衣撕破為安德森包好傷口。

晚上，傑克一直念叨著母親的名字，兩眼直勾勾地望著安德森。他們飢餓難耐，以為真熬不過這一關了，但他們誰也沒動身邊的鹿肉。

他們依然互相鼓勵，互相安慰，終於等來了救援。

30年後，安德森說：「我知道誰開的那一槍，是傑克。當他抱住我時，我碰到他發熱的槍管。我知道他是為了鹿肉，他想為母親而活下來。

「我一直假裝根本不知此事，也從不提及。戰爭太殘酷了，他的母親還是沒等到他歸來。我和他一起祭奠老人家的那一天，他突然跪下來請求我原諒他，但我沒讓他把話說完。」

於是，安德森和傑克又做了幾十年的朋友。

身為父母要知道

在教育孩子為人處事的問題上，父母也應該讓孩子擁有一顆寬容他人之心。具體如何做，給大家提幾點建議：

首先，為孩子樹立榜樣。

父母為人處世寬容大度，遇事不斤斤計較，與鄰里、同事之間融洽相處，孩子就會學著父母的樣子處理與他人之間的關係，也會變得寬容、和善，樂於與人相處。如果父母因為在外面受了氣，回到家裡還耿耿於懷，甚至辱罵、刺傷對方，無疑會在孩子心中投下「刻薄」的陰影。

其次，讓孩子學會「換位思考」。

當孩子與他人發生衝突時，讓孩子站在對方的角度上思考問題，思考對

方為何會如此行事、如此說話。爸爸媽媽不妨教孩子說一說如果自己在對方的處境下會怎樣想、會怎樣行動呢？做到這一點的話，孩子就能夠理解對方，就能夠減少很多不必要的矛盾。

再次，引導孩子寬容比自己強的同伴、比自己「差」的同伴和自己的競爭對手。

有些孩子會對不如自己的同齡孩子表現得不屑一顧，拿自己的優點和別人的缺點相比，有的則對比自己強的孩子表示出不服氣，心生嫉妒。對此，父母應教育孩子不嫉妒比自己強的同伴，不嘲弄比自己「差」的同伴和不故意為難自己的競爭對手。讓孩子向好同伴學習、幫助同伴，學會與競爭對手合作。

寬容，是健全人格必不可少的元素，只有能寬容他人的孩子，才會懂得理解和尊重他人，才會有愛人之心，有容人之量，才能成為一個有遠見顧大局，受人歡迎的人。

身為孩子要懂得

我們生活在一個複雜的社會裡，在人際來往上誰也免不了會遭遇他人的陷害，或是打擊。應對這種情況，你是火冒三丈，惱羞成怒，還是一笑泯恩仇，原諒那個打擊你的人？你採取哪一種方式，決定你收穫哪一種果實。採取前一種態度的人，為出一口氣經常是累得精疲力竭；而採取後一種態度的人，往往是平安度過難關，依舊是瀟灑自如。這說明，在不涉及重大核心問題的時候，我們大可以不必在乎那些瑣碎小事，表現得大度一些，這樣做無論是對自己還是對別人，都是有百利而無一害的。

第五章　仁者大度—人生快樂的源泉

寬容你的敵人，敵人將成為你的朋友

曼德拉因為帶頭反對白人種族隔離制度的政策而入獄近 27 年，其中，白人統治者把他關在荒涼的大西洋小島 —— 羅本島上 13 年。當時曼德拉年事已高，但白人統治者仍然像對待年輕犯人一樣對他進行殘酷的虐待。

羅本島上佈滿岩石，到處都是海豹、蛇和其他動物。曼德拉被關在總集中營的一個「鐵皮房」，白天他要將採石場的大石塊打碎成石料。有的時候他要下到冰冷的海水裡撈海帶，有的時候他要做採石灰的工作 —— 每天早上排隊到採石場，然後被解開腳鐐，在一個很大的石灰場裡，用十字鎬和鐵鍬挖石灰石。因為曼德拉是要犯，看管他的獄警就有 3 個，他們對他並不友好。

1991 年，曼德拉出獄當選總統以後，他在就職典禮上的一個舉動震驚了整個世界。

總統就職儀式開始後，曼德拉起身致辭，歡迎來賓。他依次介紹了來自世界各國的政要，然後他說，能接待這麼多尊貴的客人他深感榮幸；但他最高興的是，當初在羅本島監獄看守他的 3 名獄警也能到場。隨即他邀請他們起立，並把他們介紹給大家。

曼德拉的博大胸襟和寬容精神，令那些殘酷地壓迫了他 27 年的白人汗顏，也讓所有到場的人肅然起敬。看著年邁的曼德拉緩緩站起來，恭敬地向 3 個曾關押他的看守致敬，在場的所有來賓，甚至整個世界，都靜了下來。

身為父母要知道

海納百川，靠的是寬容心。做人做事，心胸不可太狹隘。尺有所短，寸有所長，賞識別人的優點，包容別人的不足，靠的是有愛人之心，有容

人之量。

　　曼德拉用積極的心態助自己度過了生命中最艱難的時期，同時又用一顆寬容之心，為他贏得了世界的尊重。

　　因此，父母們應能從中看到寬容的力量。既然寬容之心能讓敵人成為朋友，父母就有義務塑造孩子的寬容之心。

　　你要知道，孩子學會了寬容，就能學會尊重和理解。孩子有了寬容之心，就會養成善良的品格，能幫助減少仇恨、暴力和偏執，同時還能導致我們以善良、尊重和理解來對待別人。所以，父母千萬不要忽視對孩子寬容心的培養。

身為孩子要懂得

　　人間的是非善惡、喜怒哀樂，都要放寬胸懷，坦然接受，路才會越走越寬。寬容並非懦弱，而是一種忍辱負重的大智大勇，是能識大體、敢擔當、懂化解融通。寬容不是縱容，而是曉之以理，動之以情，考慮的是別人的自尊和承受度。一個人只有寬大為懷，才能得到快樂。只有做到寬容你的敵人，才能讓敵人成為你的朋友，只有博大你的心胸，你才能擁有整個世界。

快樂來源於寬容他人之心

　　那個鳥聲啁啾的早晨，當班把牛奶送到希勒瑞的堂兄家時，不像往常那麼愉快。這個瘦小的中年男人看起來沒有和人交談的心情。

　　希勒瑞一家到加利福尼亞州的科爾馬鎮不過幾個星期。在找房子期間，她和丈夫、孩子們一直寄住在堂兄家裡。當班把牛奶器皿從金屬托架上拿下

第五章　仁者大度—人生快樂的源泉

來的時候，終於面色陰鬱地說出了事情的大概。

有兩個客戶沒結帳就離開了小鎮，他將不得不自己掏錢賠補。其中一個只欠了 10 便士，但是另一個卻拖欠了 79 便士，並且沒有留下地址。班對於自己允許欠帳的愚蠢行為感到萬分沮喪。「她是個美麗的女人，」他說，「有6 個孩子，而且另一個也快要出生了。她總是說，『等我丈夫一找到第二份工作，我就盡快付你錢。』我竟然相信了她。我多蠢！原以為我做了一件好事，但我得到了教訓。」

希勒瑞所說的只是：「親愛的，我很遺憾。」當她再次看到班時，他看起來怒氣更甚。談到那些喝光了他的牛奶的髒孩子們時，他氣得頭髮都豎起來了。

希勒瑞希望能幫助班恢復以往平靜的心緒。她想到聖誕節快到了，並且記起祖母常說的一句話：「當別人拿走你東西的時候，你就給他們，這樣你就永遠不會感到自己遭受了掠奪。」

下一次，班送牛奶來，希勒瑞告訴他，自己有辦法使他對那 79 便士感覺好過一些。

「我不相信有什麼辦法，」他沒好氣地說，「不過說來聽聽。」

「就當是把牛奶送給了那婦人，作為聖誕禮物送給了那些需要這些物資的孩子們。」

「妳在開玩笑嗎？」他氣惱地回答，「我甚至還沒有給我妻子送過那麼貴重的禮物呢。」希勒瑞不再說什麼，但她仍然相信自己的建議是正確的。

他再來時，希勒瑞一家就拿這個建議開玩笑。「你還沒有給她牛奶嗎？」希勒瑞會這樣笑著問。「沒有，」他反駁說，「不過我正在考慮送一份價值79 便士的禮物給我的妻子，除非另一個美麗的母親也想利用我的同情心。」

每一次希勒瑞問這個問題，他都好像變得更輕鬆一點。然後，聖誕節前6天，那件事終於發生了。他來的時候，臉上綻放著笑容，眼睛熠熠發光。「我送了！」他說，「我把牛奶作為聖誕禮物送給她了。這樣做不容易，但我又失去了什麼呢？都過去了，不是嗎？」

「沒錯。」希勒瑞真替他高興。「我真的覺得好多了。這正是聖誕節我有一個好心情的緣故，是我讓那些孩子們有充足的牛奶放進他們的麥片粥裡。」

假日來了，又過去了。兩個星期後，一個陽光明媚的早晨，班幾乎是興沖沖地跑著來的。

「等一等，聽我說。」他說，他在另一個鎮聽到有人叫他的名字，回過頭去看到一個婦人正沿著街道跑過來，手裡揮著錢。他立即認出了她 —— 那個有很多孩子、沒有付帳的女人。她長長的褐色頭髮一直遮到她幽怨而漂亮的眼睛。

「班，等一會兒。」她喊道，「我有錢給你。」班停住卡車，走出來。

「我很抱歉，」她面色緋紅地說，「我真的一直想付你錢。」她解釋說。她的丈夫有一天晚上回家，說他找到了一個更便宜的公寓，也找到了一個可以晚上上班的工作。於是他們立即搬了家，但她卻忘了再留下一個地址。

「我已經有一點積蓄了，」她羞澀地說，「這裡有 20 便士，先還上一部分。」

「不用了，太太，」班微笑著回答，「已經付過帳了。」

「付過了？」她驚呼，「什麼意思，誰付的？」

「我。」班抑制不住內心的自豪與喜悅說。

她朝他看著，好像他是天使，然後她哭了。「我不知道為什麼，我也哭

95

第五章 仁者大度—人生快樂的源泉

了，我一點都不明白我哭什麼。然後我想到了那些孩子們有牛奶放在聖誕節飄香的麥片粥裡，妳知道那是一種怎樣激動的心情？我真高興妳對我說那些話。」班說。

「你沒拿那 20 便士？」

「當然沒有，」班憨厚地笑起來，「我是把牛奶作為聖誕禮物送給她的，不是嗎？」

「是的，是的！」希勒瑞含著淚水不停地點頭，她突然明白：真正的快樂來源於寬容和幫助，而剎那間，自己也就成了光芒四射的天使！

身為父母要知道

法國作家雨果有過一段很恰當的比喻：「世界上最寬闊的是海洋，比海洋更寬闊的是天空，比天空更寬闊的是人的心靈。」寬闊的心靈能包容萬物。

父母為人處世寬容大度，遇事不斤斤計較，能使孩子在潛移默化中，逐步養成寬容忍讓的良好品格。如果父母能為孩子樹立榜樣，用一顆關愛、寬容之心對待別人的孩子，孩子也會學著父母的樣子處理與他人之間的關係，也會變得寬容、好善。

寬容是一種美德，是一種品格，也是一種做人的藝術。

孩子的寬容心是一種非常珍貴的感情，它不僅是一種美德，更是一種人生的境界，它需要家長用心呵護、培養。

身為孩子要懂得

寬容他人，無私幫助他人不僅能使自己變得愉悅，而且還給別人帶去快樂。生活中難免出現不如意，如果我們換一個角度看問題，可能就會有意想不到的收穫。

寬大為懷，快樂永在

前些年，曼徹斯特的一位出版商出版了一本小冊子，裡面的言辭低級粗俗，極盡所能地醜化「格蘭特兄弟」公司，使其受到公眾的嘲笑。威廉姆·格蘭特十分氣憤，他說寫這本冊子的人一定會後悔的。一些愛看熱鬧的人又把此話告訴了誹謗者，這個出版商毫不在意地說：「他不就是認為我以後會欠他債嗎？我會小心行事的。」一個生意人是不可能自己選擇債主的，不巧的是，這個出版商後來真的破產了，而格蘭特手中恰好有一張他的承兌匯票。那是另一個破產的商人轉讓的，上面還有他的轉讓認可簽名。

受誹謗者居然成了誹謗者的債主！他們現在可以讓誹謗者為自己不負責任的言行而後悔了，如果沒有債主的簽名，誹謗者便拿不到證明和執照，再也不能經商了。現在，這個出版商已得到了債主的全部簽名，除了格蘭特那一個，但是，他又怎麼能夠奢望「格蘭特兄弟」公司補上這最後一個簽名呢？要讓受到謠言傷害的人們對造謠者毫不計較，這怎麼可能呢？出版商感到十分絕望。他的妻子和孩子勸他還是去試一試，於是他忐忑不安地來到了格蘭特公司。

格蘭特先生獨自一人在辦公室，他對造謠者的第一句話是：「關上門，先生！」語氣嚴肅而有力。造謠者緊張而愧疚地站在格蘭特面前，面紅耳赤地說明了自己的情況，然後遞上證明。格蘭特先生接過證明邊看邊說：「你曾出版過一本誹謗我的冊子。」出版商於是感到一切都完了，可事實卻超出他的預料，格蘭特先生很快便在文件上寫了幾句話，然後把它還給破產者。這個灰心失望的造謠者認為上面一定寫著大罵他誹謗的壞話，可映入眼簾的卻是「格蘭特兄弟」公司清晰的簽名。

第五章　仁者大度—人生快樂的源泉

「這是我們的規定，」格蘭特先生說，「任何時候都不會拒絕為一個誠實的商人簽名，而在這一方面，我們認為你沒什麼不好。」出版商熱淚盈眶，而格蘭特先生則繼續說道：「我說過會讓你為從前的行為後悔的，現在不是做到了嗎？那並不是威脅，只是要你在了解我們之後，為自己曾傷害過這樣的人們而難過。我想你如今已經後悔了。」

「當然，事實如此！」出版商激動地叫道，「我從沒有如此強烈地後悔過。」接著，他們進行了平和的談話，這個破產者談到今後的打算，拿到證明執照後，他會有朋友來幫助自己。

「那你現在還剩多少錢呢？」格蘭特問。出版商坦白地說，家裡稍微值錢的東西全抵押給債主了，而為了湊夠辦理執照證明的錢，他必須縮減家裡的日常開支。

「先生，這樣可不行，」格蘭特先生搖搖頭，「你怎麼能忍心讓你的家人在貧苦中掙扎呢？把這 10 萬英鎊交給你妻子吧。不要哭，別這樣，一切都會過去的。燃起鬥志，像真正的男子漢一樣打拚，你很快就會為之驕傲和自豪。」

出版商感動極了，他想感謝格蘭特先生，卻什麼也說不出來，最後捂著臉，像孩子一樣嗚咽著走出去了。

身為父母要知道

生活的快樂與否，取決於個人對事物的看法。如果我們都能有一個快樂、輕鬆的心態，那麼我們輕而易舉的就得到了幸福。讓自己快樂起來的重中之重就是要學會寬容。有一個樂觀的心態，讓自己快樂幸福起來。

一個人要有所作為，必須要有廣闊的胸懷，能容難容之事。現代社會資

訊爆炸，接觸的人多，差別大，要想與人和諧相處，就更需要有一個廣闊的胸懷，更需要學會寬容他人。一個人的胸懷，可以像天空，像大海，也可以像針尖，生活中我們不是常常見到那些愚昧狹隘的人，為針尖大的事而爭得面紅耳赤，打得不可開交嗎？這樣活著不是很可悲嗎？

因此，真正的強者，都能寬容別人。

家長應教育孩子，從小樹立一個觀念，絕不能讓自己的胸懷像針尖那樣狹小。要開闊自己的胸懷，只有能寬容別人，才能與人和諧相處，才能品嘗到人生的快樂。

身為孩子要懂得

寬容就是要心胸寬大，不計較個人得失。寬容就是諒解，寬以待人，嚴於律己；寬容就是忘卻別人對自己的指責，忘卻昨日的是非恩怨。

每個人都渴望自己快樂幸福，而人生之路到處都是各種各樣的坎坷與荊棘，讓你不經意間受到傷害。要想讓自己永遠快樂，唯有學會寬容，用寬容的心對待家人、對待朋友、對待人生。

為人大度，才能贏得朋友

小鎮上有一對鄰居叫喬治和吉姆，但他們確實不是什麼好鄰居。雖然誰也記不清到底是為什麼，但就是彼此不和睦。他們只知道不喜歡對方，這個原因就足夠了。

所以他們時常發生口角。儘管夏天在後院開除草機除草時，兩人常常碰面，但多數情況下雙方連招呼也不打。

第五章　仁者大度─人生快樂的源泉

後來，夏天快結束時，喬治和妻子外出兩週去度假。一開始，吉姆和妻子並未注意到他們走了。也是，他們為什麼要注意這些呢？除了口角之外，他們很少說話。

但是一天傍晚，吉姆在自家院子除過草後，注意到喬治家的草長得很高，剛剛除過的自家草坪看上去特別顯眼。

對開車經過的人來說，喬治和妻子很顯然是不在家，而且已離開很久了。吉姆想這等於公開邀請強盜入戶，而後一個想法像閃電一樣攫住了他。

「我又一次看看那高高的草坪，心裡真不願去幫我不喜歡的人。」吉姆說，「不管我多想從腦子裡抹去這種想法，但去幫忙的想法卻揮之不去。第二天早上我就把那塊長瘋了似的草坪除好了！」

幾天之後，喬治和妻子在一個週末的下午回來了。不久，喬治就在街上走來走去。他在整個街區每所房子前都停留過。

「最後他敲了我的門，我開門時，他站在那兒正盯著我，臉上露出奇怪和不解的表情。」

「過了很久，他才說話，『吉姆，你幫我除草了？』他最後問。這是他很久以來第一次叫我吉姆。『我問了所有的人，他們都沒除。傑克說是你除的，是真的嗎？是你除的嗎？』他的語氣幾乎是在責備。」

「是的，喬治，是我除的。」吉姆說，幾乎是挑戰性地，因為他等著喬治為此而大發雷霆。

「他猶豫了片刻，像是在考慮要說什麼。最後他用低得幾乎聽不見的聲音嘟囔著說謝謝之後，馬上轉身走開了。」

喬治和吉姆之間就這樣打破了沉默。

身為父母要知道

做人要大度一點。生活需要我們有一顆善解人意的心，需要我們凡事能更大度一點，那樣我們就會對無關緊要的小事一笑置之，從而使我們的心境變得像天空一樣開闊。把目光放遠一點，站得高，才能看得遠。

故事中的吉姆邁出了「大度」一小步，兩家人之間的關係改善了一大步。可見，寬容、大度的影響力是何其巨大。

一個人在少不更事的時候，因為閱歷淺、經驗少，所以很難意識到寬容、大度的人生價值，因此，一遇到棘手的問題就容易想當然爾，再加上對自己的能力判斷失準，對事情感到無能為力，因此很容易變得心地狹窄。這在思想上表現為：遇到一點委屈或很小的得失便斤斤計較、耿耿於懷。這是不利於一個人的成長的。

因此，父母要培養孩子的寬容、大度之心。唯有如此，才能讓孩子的人生之路越走越寬。

身為孩子要懂得

大度是人的一種優良品格。一個人要想成功，無不需要處理好各種人際關係。只有在處理好人際關係的長期實踐中，才能鍛鍊出對他人大度的高貴品格。

人心靠寬容大度征服

亞歷山大大帝騎馬旅行到俄國西部。一天，他來到一家鄉鎮小客棧，為了進一步了解民情，他決定徒步旅行。他穿著沒有任何軍銜標誌的平紋布

第五章　仁者大度—人生快樂的源泉

衣，走到一個三岔路口時，記不清回客棧的路了。

亞歷山大無意中看見有個軍人站在一家旅館門口，於是他走上去問道：「朋友，你能告訴我去客棧的路嗎？」

那軍人叼著一隻大菸斗，頭一扭，高傲地把這身著平紋布衣的旅行者上下打量一番，傲慢地答道：「朝右走！」

「謝謝。」大帝又問道，「請問離客棧還有多遠？」

「一英里。」那軍人生硬地說，並瞥了陌生人一眼。

大帝抽身道別，剛走出幾步又停住了，回來微笑著說：「請原諒，我可以再問你一個問題嗎？如果你允許我問的話，請問你的軍銜是什麼？」

軍人猛吸了一口菸說：「猜嘛！」

大帝風趣地說：「中尉？」

那軍人的嘴唇動了一下，意思是說不止中尉。

「上尉？」

軍人擺出一副很了不起的樣子說：「還要再高。」

「那麼，你是少校？」

「是的！」他高傲地回答。

於是，大帝敬佩地向他敬了禮。

自稱少校的軍人轉過身來擺出對下級說話的高傲神氣，問道：「假如你不介意，請問你是什麼官？」

大帝笑笑地回答：「你猜！」

「中尉？」

大帝搖頭說：「不是。」

「上尉？」

「也不是！」

他走近仔細看了看說：「那麼你也是少校？」

大帝鎮靜地說：「繼續猜！」

軍人取下菸斗，那副高傲的神氣一下子消失了。他用十分尊敬的語氣低聲說：「那麼，你是部長或將軍？」

「快猜到了。」大帝說。

「殿……殿下是陸軍元帥嗎？」他結結巴巴地說。

大帝說：「我的少校，再猜一次吧！」

「皇帝陛下！」軍人的菸斗從手中一下掉到了地上，猛地跪在大帝面前，急忙喊道：「陛下，饒恕我！陛下，饒恕我！」

「饒你什麼？朋友。」大帝笑著說，「你沒傷害我，我向你問路，你告訴了我，我還應該謝謝你呢！」

身為父母要知道

能夠原諒別人，能大度地接受委屈，能與人為善，這是一種修養，一種「風度」，一種文明，一種優秀。

亞歷山大的精神值得我們每一位父母學習。也許有很多父母說，自己的孩子缺乏寬容他人之心，卻鮮有父母去考慮是因為什麼讓孩子缺乏寬容他人之心。

實際上，孩子缺乏寬容他人之心，是因為他們從來沒有機會寬容他人。為什麼這樣？因為生活中少有人向他們提出這種要求，也很少有人去培養他們這種寬容的精神。對於父母來說，孩子與別人發生衝突，第一反應就是保護自己的孩子，責備對方，這樣又怎麼能讓孩子擁有寬容他人之心呢？因為

你不可能保護孩子一輩子，唯一能保護孩子的是孩子自身，而保護自己最好的法寶就是寬容大度之心，擁有了寬容大度之心，還擔心會遭遇人生的難題嗎？

讓孩子擁有一顆寬容他人之心吧，這樣比你貼身的保護更有利於他的成長。

身為孩子要懂得

一個大度的人永遠是心如止水，平平靜靜，無論遭遇什麼事情，心境永遠是開闊的，他不會因為自己遭遇傷害而心泛波瀾。一個大度的人是善於忘記的，他不會為一句話、一件事而耿耿於懷，更不會結黨營私、歇斯底里地去報復。一個大度的人還會從他人的立場出發，想想別人，從而真正地理解他人！

無論你擁有多麼顯赫的身分，對別人寬容與豁達都是一種不可或缺的品格，它能為你換來一份比你的地位更高貴的榮譽。

寬容就是卸下心中的石頭

一次，老師問小朋友：「你們有討厭的人嗎？」小朋友們有的不發一語，有的點點頭。接著，老師發給每個孩子一個紙袋，告訴他們：「今天，我們來玩一個遊戲，請你們把你所討厭的人的名字寫在一個紙條上，也可以用符號代替。每天放學之後，請大家到路邊找一些石頭，回去把這些寫著名字的紙條貼到石頭上。把你非常討厭的人的名字，貼在大一點的石頭上；一般討厭的，貼在小一點的石頭上。每天，你都把『討厭的人』放進這個袋子裡，帶

到學校裡來。」

　　小朋友們聽了，感到很有趣。放學後，他們都搶著到處去找石頭。第二天一早，孩子們都帶著裝了石頭的袋子來到學校，你一言我一語地相互討論……

　　時間一天天地過去了，第三天、第四天、第五天……有些小朋友袋子裡的石頭越裝越多，他們自己幾乎都快提不動了。

　　「老師，拎著這些石頭來學校好累啊！我都快累死了！」小朋友們開始有一些抱怨。老師笑了笑，對孩子們說：「那就放下這些石頭吧，以後也不要往裡面放石頭了！」

　　小朋友們都很詫異，為什麼不蒐集了呢？

　　「孩子們，討厭一個人，就等於在你的心裡加了一塊石頭。你討厭的人越多，你也就越累。我們每個人都應該學會寬恕別人，不要把小事記在心上……」

　　相信多年以後，這些孩子都能記得那個故事，都能記得應該怎樣對待別人。

身為父母要知道

　　老師的做法很巧妙，藉由玩遊戲的方法，告訴孩子們一個真理：我們每個人都應該學會寬恕別人。

　　一個人沒有一顆寬容之心是不行的。父母一定要教孩子學會寬容他人，做到心中有他人。

　　父母可以借助角色互換的方法，幫助孩子擺脫自我中心，學會心中有他人和寬容他人。孩子在與他人交流的過程中難免會發生磨擦，家長要教育孩

子學會處理這些摩擦，教給孩子對他人多一點忍讓，多一份關心，這樣別人也會遇事寬容自己，體諒自己，為自己著想。實際上，孩子學會了寬容，就學會了如何贏得朋友，有了朋友，孩子才會真正體會生活的快樂，才能健康成長。

身為孩子要懂得

寬容是一種美德，寬容更是一種自我解脫。寬容他人，給予他人尊重和信任，同時也是賜予自己幸福和快樂；寬容他人，給予他人微笑和友善，你的心靈會很踏實和輕鬆。也只有懷有一顆寬容心的人，才會看到生活中更美好更真誠的一面。

退一步海闊天空

庫克是英國一家公司的職員。

有一天，當庫克駕駛著藍色的 BMW 回到公寓的地下車庫時，發現一輛黃色的法拉利停得離他的停車位特別近。「為什麼老不給我留些地方！」庫克心中憤憤地想。

第二天，庫克比平時先回到家。當他正想關掉引擎時，那輛法拉利開了進來，駕駛像以往那樣把她的車緊緊地貼著庫克的車停下。

庫克實在無法忍耐，外加他正患感冒頭痛得厲害，況且他還剛收到稅務所的催款單，於是庫克怒目瞪著黃色法拉利的主人大聲喊道：「妳看看妳！可不可以留些地方給我？妳離我遠一點！」

那輛黃色法拉利的主人也瞪圓雙眼回敬庫克：「和誰說話啊！」她邊尖著

嗓門大叫邊離開車子,「你以為你是誰,是總統?」說完對庫克不屑一顧地轉身走了。

庫克咬咬牙心想:「我會讓妳嘗嘗我的厲害。」

第三天,庫克回家時,黃色的法拉利正好還未回車庫,庫克把車子緊挨著她的停車位停下,心想:這下她也會因為水泥柱子而打不開車門的。

可是,接下來的幾天,那輛黃色的法拉利每天都先於庫克回到車庫,逼得庫克好苦惱。

「老是這樣下去可以嗎?該怎麼辦?」不久庫克想到了一個好主意。

幾天後的一個早晨,黃色法拉利的女主人一坐進車子就發現擋風玻璃上放著一個信封,她抽出信紙一看,只見上面寫著:

親愛的黃色法拉利:

很抱歉我家的男主人那天向你家女主人大喊大叫。他並不是有意針對哪個人的,這也不是他慣有的作風,只是那天他從信箱裡拿到了帶來壞消息的信件。

我希望您和您家的女主人能夠原諒他。

緊接著隔天早上,當庫克走進車庫時,一眼就發現了擋風玻璃上的信封,他迫不及待地抽出信紙。

親愛的藍 BMW:

我家的女主人這些日子也一直心煩意亂,因為她剛學會駕駛汽車,因此還停不好車子。我家女主人很高興看到您寫的留言,她也會成為你們的好朋友的。

您的鄰居黃色法拉利

從那以後,每當藍色的 BMW 和黃色的法拉利再相見時,他們的駕車人

第五章　仁者大度—人生快樂的源泉

都會愉快地微笑著打招呼。

接下來的故事更耐人尋味：黃色法拉利的女主人是一家大公司的董事長，經過一段時間的考察以後，她聘請庫克擔任了公司一個部門的經理。

身為父母要知道

當我們遭遇讓自己心煩氣躁的事情時，不妨退後一步，如此，自然就能贏來海闊天空。

身為父母，總希望自己的孩子出人頭地，總希望自己的孩子在競爭中永遠獲得第一，總希望自己的孩子永遠是勝利者。因此，在潛移默化當中給孩子施加了壓力，用行動告訴了孩子，凡事不能輸，不能退後，只能前進。

殊不知，這種教育方式會讓孩子產生爭強鬥狠的心理，造成性格上的缺陷，最終可能導致他走上邪門歪道。

作為父母，一定要知道，懂得退讓，遠比一味的爭強好勝來得有風度。因此，不妨努力培養孩子的寬容、退讓之心。

身為孩子要懂得

生活中，有很多人總是與別人斤斤計較，結果周圍的人都成了自己的敵人，自己成了孤家寡人而陷入尷尬痛苦的境地。相反，退讓一步，敵人也就成了朋友。

寬厚為懷，仁者無敵

有一位非常富有的商人，在他年事已高時，便決定把家產分給三個孩

子，但在分財產之前，他要三個兒子去遊歷天下做生意。

臨行前，富商告訴孩子們：「你們一年後要回到這裡，告訴我你們在這一年內，所做過的最高尚的事。我的財產不想分割，集中起來才能讓下一代更富有，只有一年後，能做到最高尚事情的那個孩子，才能得到我的所有財產！」

一年後，三個孩子回到家。

老大先說：「我在遊歷期間，曾遇到一個陌生人，他十分信任我。將一袋金幣交給我保管。後來他不幸過世，我將金幣原封不動地交還他的家人。」

父親：「你做得很好，但誠實是你應有的品德，稱不上是高尚的事情！」

老二接著說：「我旅行到一個貧窮的村落，見到一個衣衫破舊的小乞丐不幸掉進河裡，我立即跳下馬，奮不顧身地跳進河裡救起那個小乞丐。」

父親：「你做得很好，但救人是你應盡的責任，還稱不上是高尚的事情！」

老三遲疑地說：「我有一個仇人，他千方百計地陷害我，有好幾次，我差點死在他的手中。在我旅行途中，有一個夜晚，我獨自騎馬走在懸崖邊，發現我的仇人正睡在崖邊的一棵樹下，我只要輕輕一腳，就能把他踢下懸崖；但我沒這麼做，我叫醒他，讓他繼續趕路。這實在算不上什麼大事……」

父親正色道：「孩子，能幫助自己的仇人，是高尚而且神聖的事，你辦到了，我所有的產業將是你的。」

身為父母要知道

老三用一顆仁愛之心，贏得了父親的讚揚，也贏得了敵人的尊重。

生活中，有許多父母都抱怨自己對孩子疼愛有加，而孩子卻自私自利，

不懂得關心父母、關愛他人。古人說：「人之初，性本善」，其實並不是孩子生來就缺少愛心，而是由於父母對孩子的溺愛、不注意教育方式等，把孩子的愛心在不經意間給剝奪了。那麼，如何在生活中培養孩子的仁愛之心呢？

首先，父母要富有愛心。

父母是孩子的鏡子，只有富有愛心的父母，才能培養出富有愛心的孩子。孩子時時刻刻把父母作為自己的榜樣，父母的一言一行都在潛移默化地影響著孩子，身教重於言教就是這個道理。因此，父母平時就要注意自己的言行舉止，做到關心孩子、關愛他人、樂於助人等，讓孩子意識到父母是富有愛心的人，自己也要做一個富有愛心的人。

其次，從小培養孩子的愛心。

培養孩子的愛心，要從孩子很小的時候做起。父母要經常抱抱孩子，對孩子微笑，讓孩子感受到父母對他的愛，這是孩子萌生愛心的起點。隨著孩子一天天長大，父母要把自己看作孩子的夥伴，陪孩子遊戲、聊天、學習，讓孩子感受到家庭的溫暖，感受到被愛的幸福，為孩子奉獻愛心打下基礎。

再次，為孩子提供奉獻愛心的機會。

許多父母只知道一味地疼愛孩子，卻忽略了給孩子提供奉獻愛心的機會。其實施予愛與接受愛是相互的，如果讓孩子只是接受愛，漸漸地，他們就喪失了施予愛的能力。只知道索取，不知道給予，這樣的孩子自然就缺乏愛心。因此，父母在平常就應該多為孩子提供奉獻愛心的機會。

身為孩子要懂得

為你的仇敵而怒火中燒，燒傷的只能是你自己。忍不下一口氣，就惡言刀槍相向；忍受不了他人的春風得意，就嫉妒誣陷，這樣的人生只能昏暗無

光，路會越走越窄。只有懂得用寬容的心，去看待仇恨自己的人，甚至能幫助對方擺脫危險的人，才是真正高尚的人。才能獲得真正的友誼，獲得長久的幸福。

向責難你的人說聲「謝謝」

二戰期間，丹尼爾先生為了躲避戰爭逃到了瑞典，身無分文的他很需要找份工作。可是，絕大多數的公司都回信拒絕了他，甚至有一家公司在寫給丹尼爾的信上說：「你對我生意的了解完全錯誤。你既錯又笨，我根本不需要任何替我寫信的祕書。即使我需要，也不會請你，因為你連瑞典文也寫不好，信裡全是錯字。」

當丹尼爾看到這封信的時候，氣得要發瘋了，於是，他也寫了一封措辭激烈的信回敬該公司。但是在把那封信寄出去之前，他又仔細考慮了一番，心想：「瑞典文並不是我家鄉的語言，也許我確實犯了很多我並不知道的錯誤。如果是那樣的話，應該寫信感謝他一番。」

於是，丹尼爾另外寫了一封信說：「你這樣不嫌麻煩地寫信給我實在是太好了，尤其是你並不需要一個替你寫信的祕書。對於我把貴公司的業務弄錯的事我覺得非常抱歉，我之所以寫信給你，是因為我向別人打聽，而別人把你介紹給我，說你是這一行的龍頭人物。我並不知道我的信上有很多語法上的錯誤，我覺得很慚愧，也很難過。我現在打算更努力地去學習瑞典文，以改正我的錯誤，謝謝你幫助我走上改進之路。」

幾天後，丹尼爾就收到了那個人的信，請丹尼爾去見他，丹尼爾因此得到了一份工作，丹尼爾由此發現「溫和的回答能帶來好運」。

第五章　仁者大度—人生快樂的源泉

身為父母要知道

向責備你的人說聲「謝謝」，或許能夠給你帶來好運。面對他人的責難，我們很多人的第一反應就是立即針鋒相對，這其實犯了處世之大忌。

如果一個人的內心對你已經滿懷惡意和衝突，即便你搬出各家各派的邏輯學，針鋒相對地辯護，也無法讓他信服。他們不可能被強迫或被威脅而同意你的觀點，而改變自己的觀點，但他們會接受我們的和藹、友善，會接受你的妥協。

因此，我們在為人處事時，不妨溫和一點，接受別人的責難。有一句俗話，叫伸手不打笑臉人。當你接受了他人的責難，他人的責難也就會到此為止。

當你深刻領悟到了接受別人責難給自己帶來的好處時，及時告訴你的孩子，讓你的孩子也成為和你一樣的人。

身為孩子要懂得

對待別人的批評和責難，不管是否過分，總保持著耐心，採用溫和的態度來對待，抱著「有則改之，無則加勉」的心態，以求做事盡善盡美，這樣，總會有所收益。

第六章
勇者無畏 —— 奮鬥人生的利刃

　　歌德說：「你失去財產，你只失去了一點；你失去榮譽，你就丟掉了許多；你失掉了勇氣，你就把一切都失掉了。」人生的道路很長，遇到挫折是在所難免的。有些是由於客觀原因造成的，如天災人禍等；有些是由於主觀原因造成的，如自己的意志不夠堅強而做了錯事等。既然挫折已成為現實，我們就要承認它和勇敢地對待它，並最終戰勝它。

懷有再試一次的勇氣

　　1943 年，美國的《黑人文摘》剛開始創刊時，前景並不被看好。創辦人約翰遜為了擴大該雜誌的發行量，積極地準備做一些宣傳。

　　他決定策劃撰寫一系列「假如我是黑人」的文章，請白人把自己放在黑人的地位上，嚴肅地看待這個問題。他想，如果能請羅斯福總統夫人愛蓮娜來寫這樣一篇文章就再好不過了。於是約翰遜便寫了一封措詞非常誠懇的

第六章　勇者無畏—奮鬥人生的利刃

信給她。

羅斯福夫人回信說，她太忙，沒時間寫。但是約翰遜並沒有因此而氣餒，他又寫了一封信給她，但她回信還是說太忙。以後，每隔半個月，約翰遜就會準時寫一封信給羅斯福夫人，言辭也愈加懇切。

不久，羅斯福夫人因公事來到約翰遜所在的芝加哥市，並準備在該市逗留兩日。約翰遜得此消息，喜出望外，立即發了一份電報給總統夫人，懇請她趁在芝加哥逗留的時間裡，替《黑人文摘》寫那樣一篇文章。

羅斯福夫人收到電報後，沒有再拒絕。她覺得，無論多忙，她再也不能說「不」了。

這個消息一傳出去，全國都知道了。直接的結果是，《黑人文摘》雜誌在一個月內，由 2 萬份增加到了 15 萬份。後來，他又出版了黑人系列雜誌，並開始經營書籍出版、廣播電臺、婦女化妝品等事業，終於成為聞名全球的富豪。

身為父母要知道

人生有許多「柳暗花明又一村」的時候，再試一次也許就能成功。

孩子的成長與任何事物的發展一樣，都遵循著一定的客觀規律，學習也都有一個過程。在我們抱怨的時候，我們的孩子正在每一次失敗的過程中體驗學習的快樂，可能在下一次的嘗試中就會由量變轉為質變來一次成功的飛躍。只要我們做父母的耐心些，再耐心些，讓他們再試一次，成功可能會立刻出現在你眼前。

身為孩子要懂得

再試一次就成功，這句話的內涵其實就是兩個字 —— 堅持。堅持做自己

該做的，堅持自己的目標。在快要放棄時再堅持一次，或許，我們就能聽見成功的腳步聲。

退縮於事無補，不如勇敢面對

在美國俄亥俄州的一座山丘上，有一間不含任何合成材料、完全用自然物質搭建而成的房子。裡面的人需要依靠人工灌注的氧氣生存，並只能以傳真與外界聯絡。

住在這間房子裡的主人叫辛蒂。1985 年，辛蒂還在醫科大學念書，有一次，她到山上散步，帶回一些蚜蟲。她拿起殺蟲劑為蚜蟲去除化學污染，這時，她突然感覺到一陣痙攣，原以為那只是暫時性的症狀，誰料到自己的後半生就從此變為一場噩夢。

這種殺蟲劑內所含的某種化學物質，使辛蒂的免疫系統遭到破壞，使她對香水、洗髮水以及日常生活中接觸的一切化學物質一律過敏，連空氣也可能使她的支氣管發炎。這種「多重化學物質過敏症」是一種奇怪的慢性病，到目前為止仍無藥可醫。

患病的前幾年，辛蒂一直流口水，尿液變成綠色，有毒的汗水刺激背部形成了一塊塊疤痕。她甚至不能睡在經過防火處理的床墊上，否則就會引發心悸和四肢抽搐 —— 辛蒂所承受的痛苦是令人難以想像的。1989 年，她的丈夫吉姆用鋼和玻璃為她蓋了一所無毒房間，一個足以逃避所有威脅的「世外桃源」。辛蒂所有吃的、喝的都得經過過濾與處理，她平時只能喝蒸餾水，食物中不能含有任何化學成分。

多年來，辛蒂沒有見到過一棵花草，聽不見一曲悠揚的歌聲，感覺不到

第六章　勇者無畏—奮鬥人生的利刃

陽光、流水和風。她躲在沒有任何飾物的小屋裡，飽嘗孤獨之苦。更可怕的是，無論怎樣難受，她都不能哭泣，因為她的眼淚跟汗液一樣也是有毒的物質。

堅強的辛蒂並沒有在痛苦中自暴自棄，她一直在為自己，同時更為所有化學污染物的犧牲者爭取權益。辛蒂生病後的第二年就創立了「環境接觸研究網」，以便為那些致力於此類病症研究的人士提供一個窗口。1994 年辛蒂又與另一組織合作，創建了「化學物質傷害資訊網」，保證人們免受威脅。

在最初的一段時間裡，辛蒂每天都沉浸在痛苦之中，想哭卻不敢哭。隨著時間的推移，她漸漸改變了生活的態度，她說：「在這寂靜的世界裡，我感到很充實。因為我不能流淚，所以我選擇了微笑。」

身為父母要知道

歌德說：「你失去財產，你只失去了一點；你失去榮譽，你就丟掉了許多；你失掉了勇氣，你就把一切都失掉了。」可見，勇氣在一個人的生命中占據著重要的地位。那麼，怎樣才能讓孩子具備勇氣呢？

方法一：激勵和呵護孩子的勇氣。

孩子在成長的過程中需要父母的激勵與讚揚，更需要父母的呵護與鼓勵。

方法二：鼓勵孩子勇敢地面對一切。

勇敢面對是一種正向的心態。能夠勇敢面對的人，不管在遇到什麼問題時，總能夠坦然接受，努力克服。而缺乏這種心態的人，只會做生活的逃兵，一遇到問題就躲在角落，獨自哀傷。

鼓勵孩子勇敢面對一切，是父母的責任。父母應該用自己的行為給孩子

樹立一個榜樣，並鼓勵孩子及時克服困難，正視困難，勇敢解決困難。

身為孩子要懂得

　　人人都渴望自己的生活中能夠多一點快樂，少一點痛苦；多些順利，少些挫折。然而命運卻好像總愛捉弄人、折磨人，總是給人以更多的失落、痛苦和挫折。面對挫折，退縮於事無補，不如勇敢面對。

勇淌生命的險灘

　　有一天，上帝宣布說，如果哪個泥人能夠走過指定的那條河流，他就會賜給這個泥人一顆永不消失的金子心，賜給他天堂的美景。

　　這道旨意下達之後，泥人們久久都沒有回應。不知道過了多久，終於有一個小泥人站了出來。

　　「泥人怎麼可能過河呢？你不要做夢了。」

　　「你知道，肉體一點點失去時是什麼感覺？」

　　「你將會成為魚蝦的美食，連一根頭髮都不會留下。」

　　然而，這個小泥人決意要過河。他不想一輩子只做個小泥人，他想擁有自己的天堂，想擁有一顆永不消失的金子心。

　　但是他知道，要到天堂，得先過地獄。而他的地獄，就是他將要經歷的這條河。

　　小泥人來到河邊，猶豫了片刻，他的雙腳終於踏進水中。一種撕心裂肺的痛楚頓時覆蓋了他，他感到自己的腳在飛快地溶化，靈魂正一分一秒地遠離自己的身體。

第六章　勇者無畏—奮鬥人生的利刃

「快回去吧，不然你會毀滅的！」河水咆哮著說。

小泥人沒有回答，只是沉默著忍受巨痛往前挪動，一步，又一步。這一刻，他忽然明白，他的選擇使他連後悔的機會都沒有了。如果倒退上岸，他就是一個殘缺的泥人；如果在水中遲疑，只能加快自己的毀滅。而上帝給他的承諾，卻遙不可及。

小泥人孤獨而倔強地走著。這條河真寬啊，彷彿耗盡一生也走不到盡頭。他向對岸望去，看見了美麗的鮮花、碧綠的草地和快樂飛翔的小鳥。也許那就是天堂的生活，可是他付出一切也似乎不能抵達。

上帝沒有賜給他出生在天堂成為花草的機會，也沒有賜給他一雙小鳥的翅膀。但是，這能怨上帝嗎？上帝允許他做個泥人，這也很不錯，是他自己放棄了安穩的生活。

小泥人繼續向前挪動，一公分，一公分，又一公分……魚蝦貪婪地咬著他的身體，鬆軟的泥沙使他搖搖欲墜，有無數次，他都被河水嗆得幾乎窒息。

小泥人真想躺下來休息一會兒啊，可他知道，一旦躺下來，他就會永遠站不起來了，連痛苦的機會都會失去。

他只能忍受、忍受、再忍受。奇妙的是，每當小泥人覺得自己就要死去的時候，總有什麼東西使他能夠堅持到下一刻。

不知道過了多久 —— 簡直就到了讓小泥人絕望的時候，他突然發現，自己居然上岸了。他如釋重負，欣喜若狂，正想往草坪上走，又怕自己身上的泥土玷污了天堂的潔淨。

他低下頭，開始打量自己，卻驚奇地發現，他的身體已經不再是泥土 —— 他已經擁有了一顆金燦燦的心！

身為父母要知道

能夠承受挫折，面對打擊，具有堅忍的態度，以及在打擊中堅持到最後的意志力，是一個孩子成功的必備能力。

自古英才多磨難，紈絝子弟少作為。磨難和挫折是孩子成長的助力。沒有經過飢渴的孩子，永遠享受不到食物的甜美；沒有經過困難和磨難，就不會知道成功的喜悅；沒有經歷苦難，再好的日子也不知道叫幸福。

如果你的孩子對困難和失敗沒有充分的心理準備，缺乏戰勝困難的勇氣、信心和辦法，那麼，一旦出現困難，孩子的反應一定是束手無策，一定會被失敗的洪流吞噬。

因此，父母一定要培養孩子面對困難的勇氣。要培養出勇敢的孩子，父母就要從自身做起，並經常與孩子進行溝通，了解他們的真實想法，有意識地鍛鍊他們的獨立性。堅持下去，你就會發現自己的孩子正漸漸成為一個勇敢無畏、堅強獨立的人。

身為孩子要懂得

人之一生其實就是在不斷地翻越一座又一座高山，跨過一條又一條溝塹。只要你勇於抬腿跨步，那麼山再高，你也能達到頂點；河流再寬，你也能到達彼岸。

兩強相遇，勇者勝

在馬倫哥戰役的前夕，拿破崙坐在營帳裡，凝視著面前攤開的義大利地圖。他把四枚釘子放在地圖上，一邊挪動釘子，一邊思考著。

第六章　勇者無畏—奮鬥人生的利刃

過了一會兒，他自言自語地說：「現在一切都好了，我要在這裡抓住他。」

「抓住誰？」身旁的一個軍官問道。

「梅拉斯，奧地利的老狐狸，他要從熱那亞回來，路過杜林，回攻亞歷山卓。我要渡過博爾米達河，在塞爾維亞平原迎著他，就在這裡打敗他。」拿破崙的手指向馬倫哥。

但是，馬倫哥戰役打響後，法軍受到敵軍強而有力的抵抗，最後自己反倒只剩招架之功，拿破崙精心籌措的勝利前景眼看就要成為泡影。

正在法軍敗退之際，拿破崙手下的將領德賽帶著大隊騎兵馳過田野，停在拿破崙站著的山坡附近。隊伍中有一個小鼓手，他是德賽在巴黎街頭收留的流浪孩童，在埃及和奧國戰役中一直在法軍中作戰。

當軍隊停住時，拿破崙朝小鼓手高喊著：「敲退兵鼓！」

這個孩子卻一動沒動。

「小流浪漢，快敲退兵鼓！」

小鼓手拿著鼓槌向前走了幾步，大聲說道：「大人，我不知道怎麼敲退兵鼓，德賽將軍從來沒有教過我。但是我會敲進軍鼓！是的，我可以敲進軍鼓，敲得讓死人都排起隊來。我在金字塔敲過它，在台伯河敲過它，在羅地橋也敲過。大人，在這裡我可以也敲進軍鼓嗎？」

拿破崙無可奈何地轉向德賽：「我們吃敗仗了，現在可怎麼辦呢？」

「怎麼辦？打敗他們！要贏得勝利還來得及。來，鼓手，敲進軍鼓，像在台伯和羅地那樣敲吧！」

不一會兒，隊伍隨著德撒的劍光，隨著小鼓手猛烈的鼓聲，向奧地利軍隊橫掃而去，他們不惜流血犧牲，把敵人打得一退再退。德賽在敵人的子彈

中倒下了，但是隊伍並沒有動搖。當炮火消散時，人們看到那個小鼓手走在隊伍的最前面，他筆直地前進，仍舊敲著激昂的進軍鼓。他越過死人和傷員，越過營壘和戰壕；他的腳步從容不迫，鼓聲激昂有力，他以自己勇敢無畏的精神開闢了通往勝利的道路。

身為父母要知道

人生的道路不可能一帆風順，萬事如意，在生活、學習、工作中總會遇到挫折，如果能夠能勇敢地面對挫折，挫折也將被你征服。

身為父母，我們要幫助孩子正確認識挫折。

人生的道路很長，遇到挫折是難免的。有些是由客觀因素造成的，如天災人禍等；有些是由主觀因素造成的，如自己的意志不夠堅強而做了錯事等。既然挫折已成為現實，我們就要承認它，勇敢地對待它，最終戰勝它。

另外，我們也要協助孩子化悲痛為力量。

要讓孩子明白，遇到挫折，悲觀失望、自怨自艾是沒有用的，應該以更大的勇氣去做自己該做的事情，在人生新的起跑線上重新起步。

當孩子明白了挫折只不過如同自然界的風雨一樣總會出現在我們生命中時，他也就能坦然面對它了。

身為孩子要懂得

挫折，是通往成功彼岸的前奏曲，誰也躲不過。既然每個人都要經歷，何不勇敢面對。面對困難，不試一下，怎麼知道就一定戰勝不了它？不經風雨，哪能見到彩虹。一旦做了，說不定你將會心一笑，原來成功並不難。

第六章 勇者無畏—奮鬥人生的利刃

堅持真理，勇於挑戰權威

世界音樂指揮家大賽的決賽現場，一位日本選手按照評委會給他的樂譜在指揮演奏時，發現有一處怪異的地方。他認為是樂隊演奏錯了，就停下來重新演奏，但仍不如意。日本選手向評委會提出自己的意見，認為是樂譜弄錯了。

這時，在場的作曲家和評審團隊的權威人士都鄭重地說明樂譜沒有問題，而是他的錯覺。面對著一批音樂大師和權威人士，日本選手卻堅定地說：「不，一定是樂譜錯了！」話音剛落，評審臺上立刻報以熱烈的掌聲。

原來，這是評審們精心設計的圈套，以此來檢驗指揮家們在發現樂譜錯誤並遭到權威人士「否定」的情況下，還能否堅持自己的正確判斷。前兩位參賽者雖然也發現了問題，但終因屈服權威而遭淘汰。最後，日本選手在這次世界音樂指揮家大賽中摘取了桂冠。

他就是後來成為世界著名交響樂指揮家的小澤征爾。

身為父母要知道

一個人能否成功，不僅要看他掌握知識的多少，還要看他是否能勇敢地面對逆境。小澤征爾透過勇於挑戰權威的行為，用自己的智慧和勇氣成就了自己。

小澤征爾勇於挑戰權威，也是對自己能力的超強自信。事實上，自信是萬事成功的基石，父母一定要善於捕捉孩子興趣的亮點，從孩子感興趣的事情上培養孩子的自信心。

培養孩子的膽量從樹立孩子的自信開始。

首先，父母要看到孩子積極的一面，和孩子一起成長。

父母要尊重孩子的個性發展，要鼓勵和肯定他的獨立能力，幫助他建立良好的自信心。

其次，適當地給孩子一些讚揚。

如果感覺孩子很棒，很了不起，請不要吝於讚美，及時給予孩子一些讚揚。你要知道：父母的讚賞、鼓勵是孩子前進的很大動力。

身為孩子要懂得

不要輕易相信所謂的權威，更不要輕易向威權屈服。因為，有時候權威僅僅是一些偽真理。在你內心存在疑問的時候，要勇於、勇於說「不」，即便最後你的觀點是錯誤的，也不是一件什麼丟人的事。相反，你透過說不，懂得了更多的一些東西，這就是一種收穫。

大膽些，事情沒有你想像的可怕

花園裡，父親帶著自己四歲的孩子正在盪鞦韆。

「不，不。」小兒子站在踏板上緊緊地抓住繩子，他的動作狼狽極了，不停地哀求爸爸把他放下來。

「這沒有什麼，很多孩子都會玩，你不用害怕。」父親一邊說一邊將他穩穩地扶住。

「爸爸，我不想玩這個，我會摔下去的。」小兒子哭著說。

「你不會摔下來的。只要抓住繩子，這是很安全的。」

「不，我害怕。」小兒子仍然堅持。

見到他那副害怕的樣子，父親知道再勸說也沒有用，便把他抱了下來。

第六章　勇者無畏—奮鬥人生的利刃

「這樣吧，爸爸先為你做個示範。等你見到爸爸玩得很高興的時候，你一定會改變主意。」說完，父親就上了鞦韆開始搖盪起來。

「爸爸，你真厲害！」見爸爸在鞦韆上盪得很高很高，小兒子高聲歡呼起來。

「那麼，你也來試試好嗎？」他問小兒子。

「好吧，可是我不要盪得那麼高。」小兒子終於同意試一下。

這一次，小兒子仍然很害怕，但他畢竟有了一個開始。小兒子站在鞦韆的踏板上扭來扭去，樣子難看極了，而鞦韆幾乎沒有搖盪起來。

這時，旁邊的哥哥看見了，他見到弟弟的模樣頓時大笑起來：「你是在盪鞦韆嗎？怎麼一點也不像呀！」

「不，你不應該這樣說，他做得很好。」聽見大兒子那樣說，父親擔心會從此打擊小兒子的自信心，連忙制止。

哥哥立刻明白了父親的意思，連忙說道：「哦，我忘了，在我第一次盪鞦韆時還不如弟弟呢。」

「是嗎？」小兒子聽見哥哥這樣說，便立刻打起精神，用力在鞦韆上搖盪了幾下。

「是這樣的。據我所知，每個人第一次盪鞦韆時都害怕得要命，爸爸也是這樣的。」父親趁機鼓勵兒子，「我第一次站上鞦韆的踏板時比你還要恐懼，站在那裡一動不動，根本不敢晃動。你比我好多了，我相信用不了幾天你就會盪得很高很高。」

「真的？」小兒子聽見父親和哥哥都這樣說，再也不覺得害怕了，他認為覺得害怕的人應該是爸爸和哥哥。

身為父母要知道

造成孩子膽小的原因有很多，父母只有找到原因，才能對症下藥。可能的原因如下：

（1）先天因素。

父母性格內向，不善與人交往，孩子遺傳了他們的特點。家長要了解自己孩子的個性，允許孩子有一個逐漸適應的過程，同時盡量多給予孩子關心和愛，鼓勵孩子與別人交往。

爸爸媽媽要做孩子的榜樣，不要一遇事就在孩子面前流露出膽小怕事的情緒。

（2）環境因素。

現在大多數人都住在獨棟房，一家一戶的封閉環境使孩子缺乏與同伴互動的生活空間，造成孩子孤獨、膽怯的性格。

（3）教育不當。

父母對孩子期望過高，一旦孩子做錯了事，輕則訓斥，重則打罵，使孩子因怕失敗而退縮。有些孩子膽小怕事，缺少勇敢精神，一個很重要的原因是父母對子女過於關注，甚至溺愛，事無鉅細都越俎代庖，而剝奪了孩子嘗試的機會。

找到原因後，我們就要注意教育的方法。父母在平時教育孩子時要多進行正面教育，不能恐嚇孩子。不能把孩子們當作「大人」，不能用過高的標準去要求他做力所不能及的事。

當孩子和同伴間發生糾紛時，讓孩子自己去解決；培養和鼓勵他在人多的時候說話、表演；積極參加力所能及的體育活動等。

第六章　勇者無畏—奮鬥人生的利刃

對於大多數獨生子女的家庭來說，只有大膽放手讓孩子去做事，讓孩子在生活中接受鍛鍊，才會使孩子變得勇敢，變得堅強，逐漸成長為一個富有勇敢精神的人。

身為孩子要懂得

很多事情，表面看起來很兇險，真實的情形並不像你想像中的那麼可怕。只要你大膽地邁開步伐，恐懼自然就會從你內心消退。戰勝了恐懼，你也就戰勝了自我。

勇於應對挑戰

貝爾出生在一個貧窮的家庭，是一個膽小怕事的男孩。他每次去鐵路旁撿那些從火車上掉下來的煤塊時，總是會受到一些大男孩的欺侮。為此，他總是忍氣吞聲地躲開他們。可他們偏偏經常看到他。其中一個孩子總愛躲在他回家的路旁打他一頓，把他的煤炭撒得到處都是，讓他淚眼汪汪地回家。

後來，貝爾看了一本書，得到了莫大的啟發，因此開始積極反抗。貝爾在那本書裡看到一個跟他年紀一樣大的少年的冒險故事，這個少年也面臨許多不平，卻憑著勇氣和堅毅一一克服，貝爾希望自己也有這種勇氣和毅力。

有一次，當他又走到鐵軌那裡，遠遠地看到三個人影衝到一幢建築物的後面，他第一個念頭便是拔腿就跑，但又想到書中那個少年的勇氣，於是不但不轉身，反而緊緊抓著裝煤的籃子一直往前走，彷彿他是書中的英雄。

這是一場硬仗，三個人同時撲來。貝爾揮揮手臂，準備開打，他那副堅決的模樣，震驚了那些壞小孩。他右手一拳打在一個人的鼻子上，左手又

打在他的腹部。出人意料的是，這傢伙居然嚇得掉頭就跑了。然後貝爾先推開其中一個，又打倒第二個，接著跪在他身上，拳頭像雨點似的揍他的下巴。這時，被推開的那一個已經跳到貝爾的身上，貝爾用力把他推到一邊，站起身來。大約有幾秒鐘，兩個人就這麼面對面站著，狠狠瞪著對方，互不相讓。

後來，這個傢伙也膽怯了，一點一點地退後，然後拔腿就跑。

這時貝爾才發現鼻子掛了彩，身上也青一塊紫一塊。這是他一生中重要的一天，這一天他已經克服一切恐懼，再也不會受人欺負了。

身為父母要知道

有些事，不是因為難以做到，才讓我們失去了信心，而是因為我們先失去了信心，所以一些原本很容易辦到的事情才顯得難以做到。

貝爾一反常態，一改以往懦弱的習性，勇敢面對挑戰。終於用不可摧毀的勇氣戰勝了貌似強大的對手，贏得了尊嚴。

勇氣改變了貝爾的一生，由此看來，每一個人都不應該缺乏勇氣。

然而，隨著生活條件的改善，父母對孩子是捧著、供著，生怕孩子受一點累，吃一點苦。有一點風險的事情，大人絕不會讓孩子去嘗試，主觀地認為不適合孩子去做。這無形中就會剝奪孩子鍛鍊自己勇氣的機會。

不否認，孩子在成長的過程中需要父母關注，但並不需要父母太過頭的關心和事無鉅細的過問。父母越是怕孩子冒險，越是阻止孩子做事，孩子可能越會反感，有時甚至會產生逆反心理，執拗地去做父母不允許做的一切事情。

因此，從孩子的角度出發，讓孩子在險惡的環境中生存，以鍛鍊孩子的

第六章　勇者無畏—奮鬥人生的利刃

勇氣和在艱苦的環境下生存的本領是十分必要的。

身為孩子要懂得

　　面對生活上的任何挫折，或是他人的挑釁，我們要拿出大無畏的勇氣和精神，以最堅強的姿態與對方應戰，勇於向對方宣戰。只有這樣，你才能越鬥越強。

勇於說「不」

　　賽西莉上大學一年級時，每月有 5 鎊錢做生活費，這本該夠用了，可是她卻時常感到拮据。有時同學邀她參加聚會，她只好說「好」，即使那意味著第二天她的午飯沒有著落，也很難說「不」。

　　這天上午，她的姨媽邀請她陪她「去某處吃午飯」。實際上，此時的賽西莉只有 20 先令了，還得維持到月底呢，可是她覺得自己「無法拒絕」！

　　賽西莉知道一家很經濟實惠的小咖啡館，在那裡可以一人花 3 先令吃頓午飯。

　　那樣的話，她就可以剩下 14 先令用到月底了。

　　「嘿！」姨媽說，「我們去哪裡呢？午飯我從不吃得太多，一份就夠了。我們去一個好一點的地方吧。」

　　賽西莉領著她朝那家小咖啡館的方向走去，突然她姨媽指著街對面的那家「典雅咖啡廳」說：「那家咖啡廳看上去不錯。」

　　「嗯，好吧，如果比起我們要去的地方您更喜歡那裡的話。」賽西莉這樣說了，她當然不能說：「親愛的姨媽，我的錢不夠，不能帶您去那樣豪華的地

方，那裡太貴了。」因為她在想：「或許買一份菜的錢還是夠的。」

服務生拿來了菜單，她姨媽看了一遍後說：「吃這份好嗎？」

那是一道法式烹飪的雞肉，是菜單上最貴的：7 先令。賽西莉為自己點了最便宜的菜 —— 只需 3 先令。這樣，她用到月底的錢就還剩下 10 先令。不，9 先令，因為她還得給服務生 1 先令呢。

「這位女士，您還想要什麼嗎？」侍者說，「我們有俄式魚子醬。」「魚子醬！」她姨媽叫道：「啊！對 —— 那種俄國進口的魚子醬，棒極了！我可以要一些嗎？」

賽西莉不好說：「哦，您不能，那樣我用到月底的錢就只有 5 先令了。」

於是，她要了一大份魚子醬，還有一杯酒以及一份雞肉。她只剩下 4 先令了，4 先令夠買一週的奶酪麵包。可是，她剛吃完雞肉，又看見一個服務生端著奶油蛋糕走過。「嘿！」她姨媽說：「那些蛋糕看上去非常好吃，我不能不吃！就吃一個小的。」

只剩 3 先令了。

這時服務生又端來一些水果，她肯定該吃一些。當然，還得喝些咖啡，尤其是她們在吃了這麼好的午飯之後。沒有了！甚至準備給侍者的 1 先令也沒有了。

帳單拿來了：20 先令。賽西莉在盤裡放了 20 先令，沒有侍者的小費。她姨媽看了看錢，又看了看賽西莉。

「那是妳全部的錢？」姨媽問。

「是的，姨媽。」

「妳全用來招待我吃一頓美味的午飯，真是太好了 —— 可是太傻了。」

「噢不，姨媽。」

第六章　勇者無畏—奮鬥人生的利刃

「妳在大學是學語言的嗎？」

「對。」

「在所有的語言當中，哪個字最難念？。」

「我不知道。」

「就是『不』這個字。隨著妳長大成人，妳得學會說『不』—— 即使是對非常親近的人。我早就知道妳沒有足夠的錢上這家餐館，可是我想給妳一個教訓，所以我不停地點最貴的東西，並且注意著妳的表情 —— 可憐的孩子！」姨媽付了帳，並給了賽西莉 5 鎊錢做禮物。

「天啊！」姨媽說，「這頓午餐差點撐死妳可憐的姨媽了，我平常的午飯只是一杯牛奶。」

身為父母要知道

要想讓孩子勇於說「不」，就必須先讓他自立，讓他用自己的個人觀點面對生活，自己去處理各種事物；父母要學會放手，你只能做監護人，不要做終生保母；只能做朋友，不要做專制的「家長」；讓孩子學會說不，要從父母自身做起。

身為孩子要懂得

說「不」是一門藝術，如何才能鼓起勇氣說「不」？如何才能恰到好處地說「不」？這首先需要幾分勇氣，要拉得下面子。勇於說「不」是踏上幸福之路的第一步。

抓住機遇 —— 開啟成功的鑰匙

愚蠢的人總是浪費機遇，消極的人只會等待機遇，聰明的人能夠把握住機遇，優秀的人善於創造出機遇。機遇是偽裝過的天使，她倏忽降臨在你身邊，如果你稍不留意，她將翩然而去，不管你怎樣扼腕嘆息，她卻從此杳無音訊。在人生的道路上，我們只有善於把握機會，哪怕是萬分之一的機會也不放棄，並且努力去實踐，去打拚，才有可能實現人生的理想，獲得成功。

機會青睞勇於行動的人

18 歲的瑞迪在暑假將要來臨的時候，對爸爸說：「我不想在整個夏天都向你伸手要錢，我要外出找個工作。」

父親說：「好啊，我會想辦法幫你找個工作，但是恐怕不容易，現在正是人浮於事的時候。」

「你沒有弄清我的意思，我並不是要你幫我找個工作，我要自己找。還

第七章　抓住機遇—開啟成功的鑰匙

有，請不要那麼消極，雖然現在人浮於事，我還是可以找到工作的。我相信總有些人可以找到工作。」瑞迪說道。

父親帶著疑惑問道：「哪些人呢？」兒子回答說：「那些會動腦筋的人。」

瑞迪在「有事求人」廣告欄上仔細尋找，發現了一個很適合他專長的工作。廣告上說，受聘者要在第二天早上 8 點整到達 42 街等候面試。

瑞迪沒有等到 8 點整，在 7 點 45 分就到了面試的地方，可他看到已有 20 個男孩排在那裡，他只是隊伍中的第 21 名。

怎樣才能引起雇主的注意而競爭成功呢？這是一個問題，他應該怎樣解決這個問題？瑞迪想，只有一件事可做 —— 動腦筋思考。因此他進入了那最令人痛苦但也是最令人快樂的程序 —— 思考。在真正思考以後，總是會想出辦法的，瑞迪就想出了一個好辦法。

他拿出一張紙，在上面寫了一些字，然後折得整整齊齊，走向祕書小姐，恭敬地對她說：「小姐，請您馬上把這張紙條交給您的老闆，這非常重要。」

祕書看著他，如果他是個普通的男孩，她可能會說：算了吧，年輕人，回到隊伍的第 21 個位子上等吧。但他不是普通的男孩，她憑直覺感到，這個男孩身上散發出一種自信的氣質。

「好啊！」她說，「讓我來看看這張紙條。」她看後不禁微笑起來，立刻走進老闆的辦公室，把紙條放在他的桌子上。

老闆看了也大笑起來，因為紙條上寫道：「先生，我排在隊伍中的第 21 位，在你沒有看到我之前，請不要作決定。」

瑞迪是不是得到了工作？他當然得到了這份工作，因為他是一個會動腦筋思考的人，也是一個勇於行動的人。

身為父母要知道

常常聽到人抱怨：「為什麼老天不給我機會呢？」其實，每個人或多或少都會獲得一些機會。之所以有人成功，有人失敗，其原因就是會不會把握機會。當然，並不是有機會就可以，有機會、會把握機會只是客觀原因，實力、真才實學才是不會變動的資本。再好的客觀條件也必須已經擁有實力才起作用。有些人即使機會就在眼前，也會失之交臂，原因是他們沒有實力。

所以，為了自己的孩子能在關鍵時刻抓住機會，父母在平時就要注意培養孩子的綜合能力，充實內在，如此，當機遇來臨時，自然能在第一時間抓住機遇，成就自我。

身為孩子要懂得

愚蠢的人總是浪費機遇，消極的人只會等待機遇，聰明的人能夠把握住機遇，優秀的人善於創造出機遇。

積極爭取你看好的機會

日本岡山市有棟非常漂亮氣派的大樓，這棟大樓就是條井正雄所擁有的岡山大飯店。然而，誰也沒想到，條井當年身無分文卻蓋起了這棟大樓。

當時條井實地做了精密的調查，調查結果是來岡山市的旅客，有97%是為商務而來的。然後，他又在公路邊站了3個月，調查汽車來往情況。條井又花費1年時間，製成幾張十分豪華的飯店設計圖紙和一份經營計畫書。抱著試試看的心情，他來到岡山市最大的建築公司碰運氣。一位主管看了條井的設計後，問他：

第七章　抓住機遇—開啟成功的鑰匙

「你準備了多少資金來蓋這棟大樓？」

「我一分錢也沒有，我想，先請你們幫我蓋這棟大樓，至於建築費，等我開業之後，分期付給你們。」條井泰然自若地回答。

「你簡直是在白日做夢，真是太天真啦，請你把這個設計圖拿回去吧！」

「這幾張圖紙和計畫書是我花了兩年的時間做成的，請你們詳細研究！」條井把設計圖丟在那裡，掉頭就走。

半個月後，奇蹟發生了，這個建築公司約他去面談。該公司的董事和經理齊聚一堂，從上午 8 點到下午 4 點，一個接一個地向他提各式各樣的問題，那種場面真是令人心驚肉跳。然而，令人難以置信的事終於發生了，建築公司決定花 2 億日元替這位身無分文的先生蓋飯店。

一年後，飯店落成了，條井成了老闆。

身為父母要知道

機遇之神出現時，從不佩戴財富、成功或者榮譽的標誌。所以我們做每一件事，都要竭盡全力，否則再好的機會也會無聲無息地從我們身邊溜走。

積極地去爭取你看好的機會，不管它有多難，只要你有毅力，有勇氣，那麼你就能抓住機會。

對孩子來說，要讓你的孩子從小為未來做好準備，這樣才能在機會到來之時抓住它。

其實人生在世重要的是，永不滿足的進取心和奮鬥精神。只要對前途充滿信心和希望，豁達、樂觀地對待旅途中的失敗與挫折，為未來做不懈的努力，機會就會來到你的身旁，會讓你嘗到勝利的甘泉。

身為孩子要懂得

　　機遇是偽裝過的天使，她倏忽降臨在你身邊，如果你稍不留意，她將翩然而去，不管你怎樣扼腕嘆息，她卻從此杳無音訊。在人生的道路上，我們只有善於把握機會，哪怕是萬分之一的機會也不放棄，並且努力去實踐，去打拚，才有可能實現人生的理想，獲得成功。

因勢利導，尋求轉機

　　住在美國維吉尼亞州的一個農夫買下了一片農場，不久便發現自己上當了。原來，這是一塊既不適合種植又不適合放牧的貧瘠山坡地。那裡除了有一些用途不大的白楊樹之外，就是漫山遍野令人望而生畏的響尾蛇。

　　痛定思痛之後，農夫意識到：不應當把寶貴的時間浪費在無意義的後悔之中，而應該尋求辦法改變不利的現狀並從中獲得利潤。後來，農夫想出了一個很好的主意：把這塊貧瘠的土地建設成為響尾蛇生產基地。於是他開始有計畫地捕捉、繁殖響尾蛇，從中提取蛇毒，送到藥廠去製藥；把響尾蛇的肉做成罐頭，銷往各地。

　　由於他獨到的眼光和不懈的努力，僅僅幾年的光景，生意就越做越大，客戶絡繹不絕，每年到他的農場來考察、參觀的就有幾萬人。他所在的村子也改名為遠近聞名的響尾蛇村。

身為父母要知道

　　換一種思路，變換一個視角，讓農夫在困境中找到了新的出路。這很值得父母們學習。在孩子的成長過程中，當出現障礙，產生問題時，父母

第七章　抓住機遇—開啟成功的鑰匙

不妨引導孩子從多個角度看待問題。與「酸葡萄」效應的「自我慰藉」不同，變換角度看問題，它並不迴避和歪曲現實，而是在現實與未來之間的關係、大利益與小利益之間的關係中進行重新思考和判斷，最終做出正確的理性選擇。

如果父母善於在不知不覺中引導孩子運用此方法，培養孩子遇到難以解決的問題時換個角度思考的習慣，久而久之，孩子也會主動掌握並善於使用這種正向的調節策略。

身為孩子要懂得

人生的轉機無處不在，只是大多數人陷入困境時只會呼天喊地，不願試著靠自己的努力走出眼前的這片泥沼。若是連自己都不願主動積極地勇敢面對，就算有人願意伸出援手，你也脫離不了困頓的日子，一輩子只能身陷泥沼，品嘗失敗。換一種思路，或許你就找到了命運的轉機。

機遇藏在困境後

1921 年 6 月 2 日，電報誕生整整 25 週年。美國《紐約時報》對這一歷史性的發明，發表了一篇簡短的評論，其中有這樣一句話：現在人們每年接收的訊息是 25 年前的 25 倍。

對這一消息，當時在美國至少有 16 個人做出了敏銳的反應，那就是 —— 創辦一份文摘性刊物。在不同的三個月時間裡，有 16 位有先見之明的人士，不約而同地到銀行存了 500 美元的法定資本金，並領取了執照。然而當他們到郵政部門辦理有關發行手續時，卻被告知，該類刊物的徵訂和發

行暫時不能代理。如需代理，至少要等到第二年的中期選舉以後。

得到這一答覆，其中 15 人為了免交執業稅，向新聞出版管理部門遞交了暫緩執業的申請。只有一位叫德威特・華萊士的年輕人沒有理睬。他回到暫住地 —— 紐約的格林威治村的一個儲藏室，和他的未婚妻一起糊了 2,000 個信封，裝上徵訂單寄了出去。

在世界郵政史上，這 2,000 個信函也許根本不算什麼，然而，對世界出版史而言，一個奇蹟卻誕生了。到 20 世紀末，這兩位年輕人創辦的這份文摘刊物 ——《讀者文摘》，已擁有 19 種文字 48 個版本，發行範圍達 127 個國家和地區，訂閱戶 1.1 億，年收入 5 億美元。在美國百強期刊排行榜上，幾十年來一直位居第一。德威特・華萊士夫婦也一躍成為美國著名的富豪和慈善家。

身為父母要知道

生活對我們每個人來說，都充滿著透過新的努力和新的姿態脫穎而出的第二次發展機會。人們不應限制自己，固守一隅。對於第二次機會，所需要的是及時認識並果斷行動的能力。

相信每一位父母都能從故事中看到機會對人生的重要意義。也請記住培根說過的一句話：「善於分辨與把握時機是極為重要的。在一切大事業上，人在開始做事前要像千眼神那樣察視時機，而在進行時要像千手神那樣抓住時機。」只有我們善於把握機遇，才能改變命運。

如何提高孩子把握機遇的能力呢？

首先，要讓孩子相信自己。

我們做任何一件事情都需要信心。沒有信心什麼事都做不成。人的潛力

137

是無限的。只有讓孩子相信自己，專注做事，自然就可以成功。

其次，要幫助孩子轉變觀念。

觀念決定行為。有什麼樣的觀念存在，就有什麼樣的行為方式產生，也就會產生什麼樣的結果。如果父母秉持「學不會是孩子笨」的觀念，那麼，就很難把孩子教好。父母一定要明白，只有幫助孩子樹立正確的觀念，才能更好地幫助孩子提升自我，抓住機遇，快速發展。

再次，要督促孩子努力學習。

知識經濟時代是全面變革的時代，更是注重學習的時代。學習是發展的源泉，人生的意義在於學習。人唯有在學習中不斷累積豐富的思想、知識、技能、心智和情感，才能永保鮮活生命力與恆久競爭力。所以說，父母要督促孩子強化學習，在夢想中燃燒激情，在現實中磨礪智慧，提升生命價值，快速成長，快樂成功。

身為孩子要懂得

不要以為機會像一個到你家裡來的客人，他在你門前敲著門，等待你開門把它迎接進來。恰恰相反，機會是一件不可捉摸的寶貝，無影無形，無聲無息，假如你不用刻苦的精神，努力去尋求它，也許永遠遇不著它。

抓住擦身而過的機會

一個年僅 21 歲的小畫家，懷揣僅有的 40 美元，從家鄉提著裝有襯衫、內衣以及繪畫材料的皮箱來到堪薩斯城。

他經歷了多次的失敗，幾乎一無所有。因無錢交房租，只好借用一家廢

棄的車庫作為畫室，每天夜裡都會聽到老鼠「吱吱」的叫聲。

一天，他昏沉沉地抬起頭，看見幽暗的燈光下有一雙亮晶晶的小眼睛在閃動。他沒有捕殺這只小精靈。磨難已使他具有藝術家悲天憫人的情懷。往後的日子裡，他與這只小老鼠朝夕相處，經常會在黑暗中你看著我，我看著你。艱難的歲月中，他們彷彿建立了一種默契和友誼。

不久，他離開了堪薩斯城，去好萊塢製作一部卡通片。然而，他設計的卡通形象都一一被否決了，他再次品嚐了失敗的滋味。他窮得身無分文，多少個不眠之夜，在黑暗中苦苦思索，甚至懷疑起自己的天賦。

突然，他想起了那雙亮晶晶的小眼睛！靈感像一道電光在黑夜裡閃現了：小老鼠！就畫那只可愛的小老鼠！全世界兒童所喜愛的卡通形象 —— 米老鼠就這樣誕生了。

他就是大名鼎鼎的華特·迪士尼。從此以後，他憑藉著自己的才能和靈氣，一步步築起了迪士尼大廈。

上蒼給他的並不多，只給了他一隻小老鼠，然而他「抓」住了。對華特·迪士尼來說，這隻小老鼠價值千萬。

身為父母要知道

在人的一生中，把握機遇的能力完全決定你是否能夠有所建樹，因此，努力尋求並抓住擦身而過的機遇吧，因為，這或許將改變你的整個人生。

所以，作為在社會上努力打拚的父母來說，首要的任務就是要提高自身把握機會的能力。同時，在注重培養自身才能的同時，要注重孩子創新意識的培養。

對華特·迪士尼來說，正是他的創新意識，幫助他擺脫了困境，最終取

得了成功。一個人擁有創新意識，就能找到新的出路。

因此，父母應該協助孩子去創新觀念，去拓展思路，去尋找新的方法，在問題和細節當中去挖掘機遇，掌控機遇。

要鼓勵孩子勇於否定自我，破舊立新。勇於直面困難和失敗。要激勵孩子別氣餒，更不要輕易服輸。因為，只要具備愈挫愈勇的精神，才能向更好更高的目標邁進。

身為孩子要懂得

上天對每一個人都是公平的，它給了每個人讓生命輝煌的機會，且這種機會總是以我們生活中最為常見的形式出現。但恰恰是這種最常見的形式，讓眾多人和機會失之交臂。比如給迪士尼帶來成功的小老鼠，或許很多人都看到過老鼠，但有的視而不見，有的滅之而後快，就是沒有人把它和機會聯繫起來，所以迪士尼成功了，而更多的人只是碌碌無為度過了一生。

再試一次，或許就成功

有一則故事曾在世界各地的淘金者中廣為傳誦。這個故事有著一個極其動聽的名字，叫做「黃金距離三英吋」。

幾十年前，家住馬里蘭州的達比和他叔叔一起到遙遠的美國西部去淘金。他們手握十字鎬和鐵鍬不停地挖掘，幾個星期後，終於驚喜地發現了亮燦燦的礦石。於是，他們悄悄將礦井掩蓋起來，回到家鄉的威廉堡，籌集大筆資金購買採礦設備。

不久，淘金的事業便如火如荼地開始了。當採掘的首批礦石運往冶煉廠

時，專家們斷定，他們遇到的可能是美國西部羅拉地區藏量最大的金礦之一。達比僅僅只用了幾車礦石，便很快將所有的投資全部收回。

讓達比萬萬沒有料到的是，正當他們的希望在不斷膨脹的時候，奇怪的事情發生了：金礦的礦脈突然消失！儘管他們繼續拼命地鑽探，試圖重新找到金礦石，但一切終歸徒勞，好像上帝有意要和達比開一個巨大的玩笑，讓他的美夢成為泡影。萬般無奈之際，他們不得不忍痛放棄了幾乎要使他們成為新一代富豪的礦井。

接著，他們將全套機器設備賣給了當地一個收購廢舊物品的商人，帶著滿腹遺憾回到了家鄉威廉堡。

就在他們剛剛離開後的幾天裡，收廢品的商人突發奇想，決定去那口廢棄的礦井碰碰運氣，為此，他還專門請來一名採礦工程師，只做了一番簡單的測算，工程師便指出，前一輪工程失敗的原因，是由於業主不熟悉金礦的斷層線。考察結果顯示，更大的礦脈距離達比停止鑽探的地方只有三英吋！故事的結果是，達比終其一生只是一名收入只夠養家的小農場主，而這位從事廢品收購的小商人，終於成為西部巨富。

身為父母要知道

多一次嘗試，多一次成功的機會。生活中的許多事情都是這樣，如果你勇敢地去做了，也許會成功，也許會失敗。無論成與敗，你都將有所收穫。成功了，你將收穫成功的果實；失敗了，你將得到下次成功的經驗。相反，如果你沒有勇氣去做，那麼將一無所獲。

人生絕不會一帆風順，總會經歷諸多失敗和遭遇無數挫折。孩子也一樣，當他們去努力嘗試一件事情的時候，很可能等待他們的並不是成功，當

第七章　抓住機遇─開啟成功的鑰匙

孩子失敗和碰壁的時候，父母應該及時給孩子以激勵，讓他們鼓起再試一次的勇氣，從而克服困難，獲得成功。

當孩子為「失敗」而感到恐懼或是難過時，父母不應該在孩子面前唉聲嘆氣，更不能責罵孩子。正確的做法是應該讓孩子明白，失敗沒有什麼大不了的，這次不行，下次再來，再試一次，總會取得成功。

父母要讓孩子明白，生活有順境也有逆境，通往成功的道路並不是一帆風順，從而讓孩子逐步建立正確看待挫折的態度，學會戰勝挫折的本領。

身為孩子要懂得

西奧多·羅斯福有句名言：「普通人成功並非靠天賦，而是靠著把尋常的天資發展到不同尋常的高度。」達比和收廢品商人兩者的命運迥然不同，造成不同命運的其實只是面對機遇，一個輕易放棄了，而另一個卻勇於再試一次。因此，當你面對機遇時，不妨再試一次，或許成功將接踵而至。

誰抓住了機遇，誰就握住了成功

1930 年代美國經濟大蕭條時期，不少工廠和商店紛紛倒閉，被迫賤價拋售自己堆積如山的存貨，價錢低到 1 美元可以買到 100 雙襪子。

那時，奧里森還是一家織造廠的小技師。他馬上把自己積蓄的錢用於收購低價貨物，人們見他這股傻勁，都嘲笑他是個蠢材。

奧里森對別人的嘲笑淡然處之，依舊收購各工廠拋售的貨物，並租來了一個很大的貨倉來囤貨。

妻子憂心忡忡地勸告他，不要把別人廉價拋售的東西購入，家裡的積蓄

有限，如果此舉血本無歸，那後果將不堪設想。

奧里森笑著安慰她：「三個月後，我們就可以靠這些貨物發大財。」

奧里森的話似乎根本無法兌現，過了十多天後，那些工廠賤價拋售也找不到買主了，便把所有存貨用車運走並燒掉，以此穩定市場上的物價。妻子看到別人已經在焚燒貨物，不由得焦急萬分，抱怨起奧里森來。

對妻子的抱怨，奧里森一言不發。

終於，美國政府採取緊急行動穩定了物價，並且大力支持廠商復業。這時，由於焚燒的貨物過多，存貨欠缺，物價一天天飛漲。奧里森馬上把自己庫存的大量貨物拋售出去，大賺了一筆。

在他決定拋售貨物時，妻子又勸告他暫時不忙把貨物出售，因為物價還在一天天飛漲。他平靜地說：「是拋售的時候了，再拖延一段時間，就會後悔莫及。」

果然沒多久，物價停止上漲，還降了許多。

身為父母要知道

縱觀古今諸多事例，我們不難發現：面對命運賦予的良機，只有勇於打拚者才會取得成功，才可能把機遇所蘊含的價值發揮到最大限度。奧里森的果敢行動，為他在危機中贏得了機遇，並最終改變了整個人生。

所以，父母理應為隨時都有可能到來的機遇做好準備。得過且過除了不利於孩子成長，同樣也無法增強自身在社會的競爭力，最終只能變成社會的棄嬰，讓你的孩子也跟著受牽連。

因此，為了給孩子一個好的將來，父母們也該努力增強自身底蘊。

同時，父母在平常教育孩子的過程中，要鼓勵孩子學會敢闖盪，這樣，

才能讓他們的熱情提升，克服那些平日裡看起來難以克服的苦難，從而得以健康成長。當機遇來臨時，孩子才有足夠的智慧，做出正確的選擇。

身為孩子要懂得

這個世界並不缺少機會，只是缺少發現機會的眼睛。當你發現了機會，並馬上行動時，成功也就屬於你。

用心觀察，機會無處可藏

有一天，索尼公司的創始人盛田昭夫來到公園裡散步，看到好朋友手提著一臺笨重的錄音機，耳朵上套著耳機，也在公園裡悠閒地走來走去。

盛田昭夫感到奇怪，就問道：「你這是怎麼一回事？」

好朋友回答說：「我喜歡聽音樂，可又不願意吵到別人，所以只好戴上耳機，一邊散步一邊聽音樂，真是一種愜意的享受。」

老朋友的一句話，觸動了盛田昭夫的靈感：是不是可以生產一種可隨身攜帶的聽音樂機器呢！新產品「隨身聽」的構想就由此萌芽。

根據盛田昭夫的設想，技術力量十分雄厚的索尼公司立即進行了縮小錄音機零件的研發工作。沒過多久，世界上最小的錄放音機就問世了。

這種新型錄放音機剛投入市場時，銷售部門和銷售商擔心地說：「這種必須使用錄音帶的機器，卻沒有錄音的功能，大家會接受它嗎？」

盛田昭夫堅定地說：「汽車音響也沒有錄音的功能，可是幾乎每部車都需要它。你們應該明白一點：有需要就會有市場！」

身為父母要知道

一個人是否能適應社會，是否能更好地生存，很大程度上取決於他是否善於抓住機遇。機遇作為最重要的因素，通常對孩子的成長起著推動和催化的作用。

父母應該經常這樣告訴自己的孩子：機遇與他們的未來息息相關，機遇是一個美麗而性情古怪的天使，她倏忽降臨在你身邊，如果你稍不慎，她將翩然而去，不管你怎樣扼腕嘆息，最終她將離你而去。因此，當機遇來臨時，要及時出手，抓住機遇。

身為孩子要懂得

命運從來都是掌握在自己手裡，由自己主宰，任何把希望寄託在他人或外界事物上的人，都不可能抓住機遇，都不可能自己掌控命運。

多一份用心，多一個機會

詹姆士是一個默默無聞的小文人，一直在為生計奔波。

一天，詹姆士走在街上看見一個人打開一包紙菸，從中抽出一張紙條，隨即把它扔在地上。詹姆士拾起這張紙條一看，那上面印著一個著名女演員的照片。在這幅照片下面印有一句話：「這是一套照片中的一幅。」菸草公司為了敦促買菸者收集一套照片而加上的一句話。詹姆士把這個紙片翻過來，注意到它的背面竟然完全是空白的。

詹姆士立即感到這兒蘊藏著一個機會：如果把附裝在菸盒子裡的印有照片的紙片充分利用起來，在它空白的那一面印上照片上的人物的小傳，這種

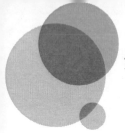

照片的價值就可大大提高。

於是，他找到印刷這種紙菸附錄的平版畫公司，向經理推銷他的主意，最終被經理採納。這就是最早的寫作任務。

後來，詹姆士的小傳的需求量與日俱增，以致於他得請人幫忙。他要求弟弟幫忙，並付給每篇 5 美元的報酬。不久，詹姆士還請了 5 名新聞記者幫忙寫小傳，以供應平版畫印刷廠。

最後，詹姆士如願以償地做了一家著名雜誌的主編，成了文化圈中受歡迎的人物。

身為父母要知道

真正的機遇是要靠自己努力爭取的，而不是等著別人來施捨。成功者明白這一點，所以在前進的路上總是主動出擊，而不是等著上天的恩賜。

詹姆士從一個小卡片發現了機會，誕生了想法，付出了行動，最終成就了自己。

父母應該能從中受到些微啟發：成功其實並不難，只要你對生活多一份用心，你就多一個改變命運、成就自我的機會。

讓你的孩子也做一個生活的有心人吧，畢竟，事成於細。當孩子養成了關注細節的習慣後，成功必然不會對他視而不見。

身為孩子要懂得

有心人創造機會，而無心的人只會讓機會白白地溜走。積極行動的人不一定會獲得機遇，但能夠抓住機遇的人一定付出了積極的行動。

第八章
展開合作 ── 凝聚力量的途徑

　　一個人無法孤立生存在這個社會中，只有與人合作，取人之長，補己之短，才能互惠互利，雙方都從中獲益。善於借用他人的力量，讓自己變得更加完美，這是最明智的做法。凝聚他人的力量，化不可能為可能，這更是一種智者的行為。

和合才能共贏

　　一天，五根手指在一起閒著沒事，對著誰是最優秀的話題爭吵起來。

　　大拇指說：「在我們五個當中我是最棒的，你們看，首先，我是最粗最壯的一個，無論讚美誰，誇獎誰，都把我豎起來，所以我是最棒的……」

　　這時，食指站了出來說：「我們五個我是最厲害的，誰要是出現錯誤，誰有不對的地方，我都會指出來……」

　　中指拍拍胸脯驕傲地說：「看你們一個個矮的矮，小的小，哪有一個像樣的，其實我才是真正頂天立地的英雄……」

第八章　展開合作—凝聚力量的途徑

到無名指了，他更是不服氣：「你們都別說了，人們最信任的就是我了，你們看，當一對情侶情訂終身的時候，那顆代表著真愛的鑽戒不都戴在我的身上嗎？」

到了小拇指，看他矮矮的，可最有精神，他說：「你們都別說了，看我長得小，當每個人虔心拜佛、祈禱的時候不都把我放在最前面嗎？」

身為父母要知道

合作是現代人的一項重要技能與品格。如果一個人不能與別人真誠合作，他就不可能成功。一根手指不能成就任何事情，只有相互協助才能成就你我。

歐洲著名的心理分析家阿德勒認為：假使一個孩子未曾學會合作之道，他必定會走向孤僻之異途，並產生牢固的自卑情緒，嚴重影響他一生的發展。所以說，合作能力是一個人不論未來發展、適應社會、立足社會，必不可缺少的。

合作意識是現代人自我發展必經的快速道路，作為父母，如何培養孩子合作意識和合作能力呢？

方法一：父母做孩子的榜樣。

父母的言行潛移默化地影響著孩子。父母之間、父母與家庭成員之間是否能分工合作、互相配合，會對孩子產生直接的影響。

方法二：為孩子創造合作的時機。

孩子可能不會在需要合作的情況下自發地產生合作行為，也可能不知道如何去跟別人合作，這就需要父母想辦法為孩子創造、提供與朋友合作學習和遊戲的機會，教給孩子一些合作的方法，指導孩子了解怎樣進行合作，讓

孩子在實踐中學會合作。

方法三：讓孩子懂得要競爭更要合作。

人與人的社交離不開競爭與合作，競爭與合作是一對矛盾的共同體，沒有競爭也就沒有動力；沒有合作，競爭往往也會失去方向。只有透過合作才能取得更大的成功。也正是在這個意義上說合作比競爭更重要。

未來社會充滿著激烈的競爭，學會合作是時代賦予每個人的基本要求。只有能與人合作的人，才能獲得生存空間；只有善於合作的人，才能贏得發展機遇。

身為孩子要懂得

每個人都不是聖人，都有自己的優點與缺點。只有取人長，補己短，善於合作才能更加優秀。

懂得合作，才能更好地生存

從前，有兩個飢餓的人得到了一位長者的恩賜：一根漁竿和一簍新鮮肥碩的魚。其中，一個人要了一簍魚，另一個要了一根漁竿，於是，他們分道揚鑣了。

得到魚的人原地就用乾柴搭起篝火煮起了魚，他狼吞虎嚥，還沒有品出鮮魚的滋味，就連魚帶湯吃個精光，不久，他便餓死在空空的魚簍旁。另一個人則提著漁竿繼續忍耐飢餓，一步步艱難地向海邊走去。但是，當看到不遠處那蔚藍色的海洋時，他連最後的一點力氣也用完了，於是也只能帶著無盡的遺憾撒手人間。

第八章　展開合作—凝聚力量的途徑

還有一對飢餓的人，他們同樣得到了長者恩賜的一根漁竿和一簍魚，只是他們並沒有各奔東西，而是商定共同去找尋大海。他們每次只煮一條魚，經過遙遠的跋涉，來到了海邊，從此，兩人過著捕魚為業的日子。幾年後，他們蓋起了房子，有了各自的家庭、子女，有了自己建造的漁船，過上了幸福安康的生活。

身為父母要知道

我們生存在一個充滿競爭的年代，生存似乎變得越來越艱難，然而正是如此，我們更需要與人合作。最能有效地運用合作法則的人生存得最久，而且這個法則適用於任何動物。

一個人的才能和力量總是有限的，唯有合作，才能最省時省力、最高效地完成一項複雜的工作。沒有別人的合作，任何人都無法取得持久性的成功。

父母在強調要孩子學會合作、與別人分享的同時，還要讓孩子直接體驗到合作的快樂和重要性，讓他們養成自發合作的意識。

身為孩子要懂得

一個人無法孤立生存在這個社會中，只有與人合作，取人之長，補己之短，才能互惠互利，雙方都從中獲益。

巧借外力，憑智取勝

西元 218 年，羅馬人進攻古希臘的敘拉古城。當時城裡的強壯男人都被

派到前線作戰去了，只留下了少數的士兵，形勢萬分危急。

指揮官心急如焚，向著名智者阿基米德請教退敵之策。阿基米德一時也找不到辦法，他無意中抬起頭，太陽強烈的光線刺痛了他的眼睛。他靈機一動，有了主意。

他馬上趕到城樓，向指揮官建議：「快，讓全城的婦女每人帶一面鏡子，全部集中到城樓上來。」指揮官聽了很納悶，可是看到阿基米德自信的神情，還是照辦了。為了全城人的性命，也只有把希望寄託在阿基米德的身上了。

過了一會兒，全城的婦女全都奉命上了城樓，她們帶來了大大小小、各式各樣的鏡子。這個時候，阿基米德儼然成了軍事總指揮，面對越來越近的敵船，他右手指著海上的敵船，大聲說道：「到時候舉起你們手中的鏡子，目標對準船上的帆，要一起行動！」

敵船靠得很近了，阿基米德命令道：「瞄準最前面的指揮船，開始！」頓時，全體婦女舉起手中的鏡子，對準了指揮船的帆。

這時，奇蹟出現了，上萬面鏡子，將太陽光反射到敵船的帆上，巨大的熱量立即引燃了船帆，借著風勢，整個敵船立即被大火包圍起來了……

就這樣，阿基米德帶領全城婦女解除了敵人的威脅。

身為父母要知道

荀子在〈勸學〉中有一段精彩論述：「登高而招，臂非加長也，而見者遠；順風而呼，聲非加疾也，而聞者彰；假輿馬者，非利足也，而致千里；假舟楫者，非能水也，而絕江河。君子生非異也，善假於物也。」

一個人要想成功，最有效的方法就是要善於借助外力！

借助外力，合作的能力不是與生俱來的，而是需要後天的培養。因此，

第八章　展開合作─凝聚力量的途徑

父母要在孩子很小的時候就傳達給其合作意識。一個人只有具備合作意識，才會產生合作行為。只有與人合作，才能變腐朽為神奇，化不可能為可能。

身為孩子要懂得

牛頓曾經這樣評價自己所取得的成就，他說因為站在巨人的肩膀上所以才看得更遠。善於借用他人的力量，取人之長，補己之短，讓自己變得更加完美，這是最明智的做法。凝聚他人的力量，化不可能為可能，這更是一種智者的行為。

眾人拾柴火焰高，合作就是力量

星期六上午，一個小男孩在他的玩具沙坑裡玩耍。在鬆軟的沙堆上修築公路和隧道時，他在沙坑的中部發現一塊巨大的岩石。

小傢伙開始挖掘岩石周圍的沙子，他手腳並用，似乎沒有費太大的力氣，岩石便被他邊推帶滾地弄到了沙坑的邊緣。不過，這時他才發現，他無法把岩石向上滾動、翻過沙坑邊牆。

小男孩下定決心，手推、肩擠、左搖右晃，一次又一次地向岩石發起攻擊，可是，每當他剛剛覺得取得了一些進展的時候，岩石便滑動脫落，重新掉進沙坑。每一次他得到的唯一回報便是岩石再次滾落回來，砸傷自己的手指。

最後，他傷心地哭了起來。這整個過程，男孩的父親從起居室的窗戶裡看得一清二楚。當淚珠滾過孩子的臉龐時，父親來到了跟前。

父親的話溫和而堅定：「兒子，你為什麼不用上所有的力量呢？」

垂頭喪氣的小男孩抽泣道：「但是爸爸，我用盡了我所有的力量！」

「不對，兒子，」父親親切地糾正道，「你並沒有用盡你所有的力量。你沒有請求我的幫助。」

父親彎下腰，和孩子一起，將岩石搬出了沙坑。

身為父母要知道

一盤散沙，儘管它金黃發亮，也仍然沒有太大的作用。但是如果和水泥結合在一起，就能蓋成高樓大廈。單獨一個人的力量猶如沙粒，只要與人合作，就會有意想不到的變化，變成不可思議的有用之材。所以我們要學會與人合作，掌握這種才能，從而不斷使自己向前進。

在日常生活中，作為父母，我們應該在合適的時間讓孩子具備雙贏意識。要告訴孩子，合作的目的就是為了透過大家的共同努力，去取得共同的成功。如果一個人只是自私地想自己成功，而不顧及他人，那麼這樣的人是沒人願意和他合作的。

故事中的父親，用最理性的聲音，教給了孩子一個道理，要學會與人合作。

身為孩子要懂得

人不是萬能的，有許多事情不能獨自一人完成，這就需要向他人尋求幫助，透過與別人的合作來達成自己的目標。

第八章　展開合作—凝聚力量的途徑

相互合作，揚長避短

　　曾經有一座城堡裡關著一群小矮人。傳說他們是因為受到了可怕咒語的詛咒，而被關到這個與世隔絕的地方。他們找不到任何人可以求助，沒有糧食，沒有水，七個小矮人越來越絕望。他們沒有想到，這是神靈對他們的考驗。

　　小矮人中，阿米是第一個收到守護神托夢的。守護神告訴他，在這個城堡裡，除了他們身處的那間陰溼的儲藏室以外，其他的 25 個房間裡，有 1 個房間裡有一些蜂蜜和水，夠他們維持一段時間；而在另外的 24 個房間裡有石頭，其中有 240 個玫瑰紅的靈石，收集到這 240 塊靈石，並把它們排成一個圈的形狀，可怕的咒語就會解除，他們就能逃離厄運，重歸自己的家園。

　　第二天，阿米迫不及待地把這個夢告訴了其他的六個夥伴，其他四個人都不願意相信，只有愛麗和蘇願意和他一起去努力。開始的幾天裡，愛麗想先去找些木柴生火，這樣既能取暖又能讓房間裡有些光線；蘇想先去找那個有食物的房間；而阿米想快點把 240 塊靈石找齊，好快點讓咒語解除；三個人無法統一意見，於是決定各找各的，但幾天下來，三個人都沒有成果，倒是已經筋疲力盡了，更讓其他的四個人取笑不已。

　　但是三個人沒有放棄，失敗讓他們意識到應該團結起來。他們決定，先找火種，再找吃的，最後大家一起找靈石。這是個靈驗的方法，三個人很快在左邊第二個房間裡找到了大量的蜂蜜和水。

　　在經過了幾天的飢餓之後，他們狼吞虎嚥了一番；然後帶了許多食物分給特洛伊、安吉拉、亞里斯和梅麗莎。溫飽的希望改變了其他四個人的想法，他們後悔自己當初的愚蠢，並主動要求和阿基米德他們一同尋找靈石，

解除那可恨的咒語。

小矮人從這件事中，發現了一個讓他們終生受益的道理：知識不過是一種工具，只有藉由人與人之間的溝通、互補，才能發揮它的全部能量。

為了提高效率，阿米決定把七個人兵分兩路：原來三個人，繼續從左邊找，而特洛伊等四人則從右邊找。但問題很快就出來了，由於前三天一直都坐在原地，特洛伊等四人根本沒有任何的方向感，城堡對於他們來說像個迷宮，他們幾乎就是在原地打轉。阿米果斷地重新分配，愛麗和蘇各帶一人，用自己的訣竅和經驗指導他們慢慢地熟悉城堡。

喜愛思考的阿米又明白了：經驗也是一種生產力，透過在團體中的共享，可以產生意想不到的效果。

當然，事情並不如想像中那麼順利，先是蘇和特洛伊那組，總是嫌其他兩個組太慢；後來，當過花農的梅麗莎發現，大家找來的石頭裡大部分都不是玫瑰紅的；最後由於地形不熟，大家經常日復一日地在同一個房間裡找靈石，信心又開始慢慢喪失。

阿米非常著急。這天傍晚，他把七個人都召集在一起，商量辦法。可是，交流會剛開始，就變成了相互指責的批判大會。

性子急的蘇先開口：「你們怎麼回事，一天只能找到兩三個有石頭的房間？」

「那麼多房間，門上又沒有寫哪個是有石頭的，哪個是沒有的，當然會找很長時間了！」愛麗回答。

「難道你們沒有注意到，門鎖是上孔的都是沒有的，門鎖是十字型的都是有石頭的嗎？」蘇反問。

「為什麼不早說呢？害得我們做了那麼多無用功。」其他人聽到這裡，似

第八章　展開合作—凝聚力量的途徑

乎有點生氣……

　　經過交流，大家才發現，原來他們有些人可能找準房間很快，但找到的石頭都是錯的；而那些找得非常準的人，往往又速度太慢。

　　其實，這個道理非常簡單：具有專業技能的人才是關鍵。

　　於是，在愛麗的提議下，大家決定每天開一次會，交流經驗和訣竅，然後，把很有用的那些都抄在能照到亮光的牆上，提醒大家，省得再去走彎路。

　　這面牆上的第一條經驗就是：將我們寶貴的經驗與更多的夥伴們分享，我們才有可能最快地走出困境。

　　在七個人的全力合作下，他們終於找齊了所有的 240 塊靈石，並且最終解除了魔咒，獲得了自由。

身為父母要知道

　　不難看出，要合作，首先就必須有一個共同的目標，並且雙方有合作的要求和願望，即樂於合作的精神。否則，合作不能實現。

　　其次，合作要有一定的物質條件和環境條件，否則，合作也難以實現或達到預期的目標。此外，每個合作者，還要有某種程度的自制力，在與對手的互動關係中，要能順應各種角色不同的行為，要能夠意識到合作行為的可能性和它的好處，並且能夠與別人有效地交流思想、感情，求大同，存小異。

　　因此，合作與競爭相比較，需要更高度發展的認知系統和成熟而健全的人格，其中包括同舟共濟、寬容謙讓和自我犧牲精神，以及心胸的開闊和角色的協調等等。

因此，在培養孩子合作意識的同時，父母同時要注意培養孩子寬容、謙讓的心理，讓孩子做一個心胸開闊，具有自我犧牲精神的人。

身為孩子要懂得

每個人都有不同的優點和劣勢，互相合作，揚長避短能使問題更好地得到解決，快速高效地完成團隊的任務。

合作可以雙贏

約翰為了選擇死後的歸宿，他分別參觀了天堂和地獄。

他首先來到了地獄，看到所有人都坐在餐桌旁，桌上擺滿了各種美食。奇怪的是，他們全都面黃肌瘦，一個個無精打采。約翰仔細一看才發現，原來餐桌上的人左臂都捆著一把叉子，右臂捆著一把刀子，刀和叉的把手長達 4 尺，掌握刀叉的人根本吃不到桌上的東西，因此他們只能眼睜睜看著食物挨餓。

約翰又來到了天堂，發現所有的用餐設備和方式跟地獄一模一樣。但這兒的人卻面色紅潤，而且到處都充滿了歡聲笑語。約翰感到非常奇怪，他們為什麼不怕飢餓？約翰很快地找到了答案。原來天堂的人從不把自己手上的食物餵給自己，而是愉快地遞給他人吃，這樣，誰都可以吃上美味的佳餚；而地獄的人只想餵自己，所以就只能挨餓。

身為父母要知道

現代社會是一個競爭與合作的社會，不僅需要我們具備獨立的個性，自

第八章　展開合作─凝聚力量的途徑

強自立，更需要我們和諧共處、友好合作，營造一個融洽和諧的環境，更好地發揮我們的智慧和創造力。

合作早已經是時代的最強優勢。在真誠的微笑中，互相幫助，互相提高，讓別人的長處彌補我們的短處，讓我們的長處補足別人的短處，讓彼此都獲益處，讓彼此攜手同行，如此，才能讓生命多些快樂，少些哀愁。

合作帶來的好處隨處可見。當然，合作當中難免也會產生一些矛盾，這主要是由於合作雙方的自身不足而造成。其中，尤其以相互猜忌最難讓合作平穩有效進行。

因此，孩子在與他人合作時，父母務必要告誡孩子，切忌耍小心機。要讓孩子明白，既然選擇了合作夥伴，那彼此就是一根繩子上的螞蟻，團結一致、坦誠相待、互相尊重，才能讓合作愉快地進行。

身為孩子要懂得

天堂和地獄只有一步之遙，只是因為多了溫情和人與人之間的關愛，天堂成了歡聲笑語的場所，而地獄因為多了自私自利，所以到處都充斥著抱怨不滿。

其實，人與人之間的連結是緊密的，沒有人可以離開別人獨自取得成功，大家都需要合作，合作才能生存。人與人之間的合作可以讓彼此受益，也只有真誠的合作可以使大家獲得雙贏的局面。

相互扶持，飛得更高

每到秋天，當你見到雁群為過冬而朝南方飛去，你是否思考過牠們為何

以「人」字隊形飛行？

其實這是有道理的。當每一隻鳥展翅拍打時，其他的鳥會立刻跟進，整個鳥群抬升。借著「人」字隊形，整個鳥群比每隻鳥單飛至少增加了 71% 的飛升能力。

分享共同目標與集體感，讓牠們可以更快、更輕易地到達牠們想去的地方，因為牠們憑藉著彼此的力量、輔助而向前行進。

當一隻野雁脫隊時，牠立刻感到獨自飛行時的遲緩、拖拉與吃力，所以很快又回到隊形中，繼續利用前一隻鳥所造成的浮力。如果我們擁有像野雁一樣的感覺，我們會留在隊裡，跟那些與我們走同一條路，同時又在前面領路的人在一起。

當領隊的鳥疲倦了，牠會輪流退到側翼，另一隻野雁則接替飛在隊形的最前端。輪流從事繁重的工作是合理的，對人或對南飛的野雁都一樣。飛行在後的野雁會利用叫聲鼓勵前面的同伴來保持整體的速度。

最後 —— 而且是重要的 —— 當一隻野雁生病了，或是因槍擊而受傷，從而掉隊時，另外兩隻野雁會脫隊跟隨牠，來幫助並保護牠。牠們跟落下的野雁到地面，直到牠能夠飛翔，或者死掉。而且只有在那時，那兩隻野雁才會再飛走，或跟隨另一隊野雁來趕上牠們自己的隊伍。

身為父母要知道

世上本沒有什麼天堂和地獄，就看人們如何創造。智者合作來營造天堂，愚者在閉門造車中走向地獄。大到一個國家、一個地區，小到一個企業、一個人，都需要在合作中完善自己。

一個人要想成就大事，就必須學會與他人進行合作。合作一方面可以彌

第八章　展開合作—凝聚力量的途徑

補自己的不足，另一方面可以形成一股合力。

野雁透過相互扶持，才能長途跋涉後到達目的地。一個人只有與他人同心合作，才能更快、更好地完成既定目標，獲取成功。

讓孩子學會與人合作，就好比為孩子找到了好的夥伴，可以讓孩子受益終生。

身為孩子要懂得

有一句名言這樣說：「沒有一隻鳥會升得太高，如果牠只用自己的翅膀飛升。」這說的就是故事中的道理。同樣，作為萬物之首的人們，要幸福美滿，單靠某一個人去孤軍奮戰是絕不會成功的。只有合作，才能共同創造一個美好的明天！

借風使力，直上青雲

東非大草原上，一點風也沒有。

一位鳥類學博士與他的一名學生，發現一隻兀鷲在一棵孤零零的樹上落了腳。

「現在應是兀鷲獵食的時間，為何牠還在這偷懶歇息？難道牠忘記了窩中嗷嗷待哺的幼鷲了嗎？」學生不解地問。

「不，牠在等待著有利的『飛行氣候』的到來。你相信嗎，我現在不借助任何器械，徒手就可以抓到牠！」鳥博士胸有成竹地說。

「什麼？難道老師的雙腿能夠跑得比兀鷲的雙翅還要快？」學生半信半疑。

　　鳥博士於是將射擊目標指向停在樹上的兀鷲。

　　兀鷲借助自身的肌肉力量，往前飛了 100 公尺，落在了另一棵樹上。鳥博士反覆射擊了牠三四次，這隻兀鷲最後竟精疲力竭，再也飛不動了。這時，鳥博士真的只憑雙手就逮住了牠！

　　「難道這就是雄踞高空、俯視一切的兀鷲嗎？」學生覺得太不可思議了。

　　剛才還顯得像個獵人的鳥博士，馬上又恢復了學者的姿態：「每一種鳥都有一個肌肉力量的界限，正如鴕鳥一樣，超越了界限，這種鳥就成了走禽而不是飛禽了。」

　　「但是兀鷲生來就是會飛的呀！」學生越聽越憒懂。

　　「兀鷲的體重臨近了這個界限，因此牠要凌駕長空就必須借助外力 —— 上升氣流的能量。沒有上升氣流，即便空有一身非凡的飛翔本領，也只能老老實實地待在地上。」

　　哦，原來如此。學生終於恍然大悟。

身為父母要知道

　　借勢也是一種合作。善於借勢者，一順百順，事事如意；相反，不善於借勢者，處處掣肘，舉步維艱，淒風苦雨。所謂獨木難成林。一個人的本事再大，沒有足夠的外力是難以成功的。善於借助外力獲得成功，這就是借勢。成就偉業的人都是善於借勢之人。

　　荀子也說過類似的道理：「有才能的人，並非生來與常人有什麼不同，只不過善於借助外物罷了！」

　　因此，身為父母，我們在日常工作中要及時使用可以借得上的勢，因為，順勢凡事可為，相反，逆勢往往舉步維艱。

第八章　展開合作—凝聚力量的途徑

在教育孩子時，也要告訴孩子借勢的重要意義。當然，一定要讓孩子明白人可以借勢，但不能凡事投機取巧。借勢是指在提升自己綜合能力的前提下，借勢和他人合作。而投機取巧則是機會主義者的手段，並不值得提倡，更不能用來教育孩子。

身為孩子要懂得

蛟龍離水，匹夫可制；兀鷲無風，枉有雙翼。一個人要想成功，最有效的方法是要善於借助外力！

合作，讓世界如此美妙

森林裡，老虎和猴子正在樹下聊天，牠們在討論做人好還是當動物好。

老虎對猴子說：「我還是勸你千萬別變成人。」

「為什麼？」猴子很詫異，「人的衣食住行，樣樣比我們強。」

「真是笑話，」老虎大吼了一聲，「他們哪一樣比得上我？先說吃吧，他們吃生的怕拉肚子，只吃肉又嫌油膩，吃少了營養不良，吃多了又怕發胖。」

「對！對！人類吃的真不如你。」猴子服氣地說，「那麼衣呢？」

「他們天生光溜溜的，沒有衣服一定會凍死。」老虎笑著說。

「太有道理了，」猴子忍不住鼓起掌來，「但是人類有自己的房子啊！」

「他們的水泥洞，幾十家用一個大門。」老虎接著說，「舉個例子吧，聽說人類大樓失火，一死就是幾十人，總沒見過森林大火，老虎被燒死在洞裡吧？」

「還是你們老虎高明，」猴子說，「但是，沒見過你們老虎開汽車呀？」

「那是因為人類體力差，跑不快才不得不開車的。而且機器出故障不能開，油用完了不能開，路況不好也不能開。」

「對，對……」猴子連連點頭稱讚，就在這時，遠處突然傳來砰砰的槍聲。

「糟了！人來了，我得跑了。」

「喂！」猴子大聲喊道，「你不是說人類不如你嗎？」

「但他們懂得相互幫助，團結合作啊。」老虎的聲音從森林深處遠遠傳來。

身為父母要知道

生活中我們不斷地尋求他人的認同、他人的幫助，期盼自身能擁有一個樂於合作的、融洽的生活環境。但良好的合作意願與我們的「自我中心」多少有些抵觸和矛盾。要克服這一心理問題，你必須要將合作這一美德向你自己、你的朋友、你的孩子、你的身邊人傳達：合作，我們才能共贏。正如故事中，人們的合作，能讓百獸之王聞風而逃。

身為孩子要懂得

合作是人類精神的默契，心靈的契合，美德的載體。有人的地方就有合作。合作，才讓世界變得如此美妙。

第八章　展開合作—凝聚力量的途徑

第九章
及時行動 —— 通向成功的捷徑

在人生這個大舞臺上，想成就一番偉業的人多如過江之鯽，而結果往往是如願者不足一二，平庸者十之八九。這裡除了機遇、膽略、資金因素外，更重要的是大多數人一直處於思考、夢想、遲疑狀態，從而習慣性地推延行動。在猶豫中，錯過了良機，這樣一瞬間，可能就是一生。只有少數人，不僅有思考的能力，而且還是積極行動的巨人。因為及時行動，所以收穫了成功。

想做什麼，馬上去做

幾年前，吉娜是大學藝術團的歌劇演員，畢業的時候，她向人們展示了一個璀璨的夢想：先去歐洲旅遊一年，然後到百老匯打拚，努力成為一名優秀的明星。

吉娜的心理學老師找到她，問道：「妳旅歐之後去百老匯，跟一畢業就去有什麼差別？」吉娜仔細一想：是呀，赴歐旅遊並不能幫我爭取到百老匯的

第九章　及時行動—通向成功的捷徑

工作機會，於是，她決定幾個月後就去百老匯。

老師又問她：「妳幾個月以後再去和現在就去有什麼不同？」吉娜有些激動，想想那個金碧輝煌的舞臺和那雙夢寐以求的紅舞鞋，她情不自禁地說：「好，給我一個星期的時間準備一下，然後就馬上出發！」老師步步緊逼：「所有的生活用品在百老匯都能買到，為什麼一定得準備一個星期呢？」

吉娜終於雙眼盈淚地說：「您真的認為我可以嗎？」老師堅定地看著她說：「妳當然可以！」

「好，我明天就動身。」老師讚許地點點頭，說：「我馬上幫妳訂好明天的機票。」第二天，吉娜就坐飛機到了全世界最巔峰的藝術殿堂 —— 紐約百老匯。

當時，百老匯的製片人正在醞釀一部經典劇目，幾百名各國演員蜂擁前去應聘該片主角。按當時的應聘步驟，是先挑選十多個候選人，然後讓他們按劇本的要求表演一段主角的獨白。這意味著要經過百裡挑一的艱苦角逐。

吉娜到了紐約後，沒有急著去漂染頭髮和購買衣服，而是費盡周折從一個化妝師手裡拿到了將要排練的劇本。以後的兩天中，吉娜閉門苦讀，悄悄演練。初試那天，當其他應聘者都按常規介紹自己的表演經歷時，吉娜卻要求現場表演那個劇目的台詞，最終她以精心的準備出奇制勝。

就這樣，吉娜來到紐約的第三天，就順利地進入了百老匯，穿上了她演藝人生中的第一雙紅舞鞋。

身為父母要知道

你若想做出一番事業就一定要有宏遠的夢想。然而，僅僅有夢想是不夠的，你還得堅定信念並有所行動。否則，再遠大的夢想，缺失行動的它將只

能在腦海裡漸漸模糊直至消逝。

一個人的夢想毫無價值，計畫無足輕重，目標遙不可及。除非你能及時付諸行動，否則，一切毫無意義。

吉娜在老師的追問下，邁開了腳步，最終收穫了成功，這是及時行動的結果。

父母對孩子的教育也應該及時進行，而不能今日待明日。對孩子提出的想法，要鼓勵孩子立刻付諸行動，而不能敷衍孩子。

你要牢記：一百次的胡思亂想抵不上一次行動。

這句話適合在職場上奮鬥的你，也適合用在對孩子的教育當中。

身為孩子要懂得

想法是很重要，但是它只有在被執行後才有價值。一個被付諸行動的普通想法，遠比一打被你放著「改天再說」或「等待好時機」的好想法來得更有價值。如果你有一個覺得真的很不錯的想法，那就為它做點什麼吧。如果你不行動起來，那麼這個想法永遠不會被實現。

奇蹟在行動中誕生

多年以前，一個年輕的退伍軍人來找戴爾・卡內基，他想要得到一份工作，但是他覺得很茫然，不知道自己到底能做什麼。所以他告訴戴爾・卡內基，他沒有什麼奢求，只希望能養活自己，並且找到一個棲身之所就夠了。

在成功學家戴爾・卡內基的眼中，每個人都大有可為，只要他胸懷大志。卡內基非常清楚，一個人能否成功，其實就在一念之間。

167

第九章　及時行動—通向成功的捷徑

　　卡內基問他：「你想不想成為百萬富翁？賺大錢輕而易舉，你為什麼只求卑微地過日子？」

　　「不要開玩笑了，」退伍軍人回答，「我的肚子需要填飽，我需要的是一份普通的工作。」

　　「我不是在開玩笑，」卡內基說，「我非常認真。你只要運用手頭現有的資產，就能夠賺到幾百萬元，只要你願意。」

　　「資產？」他疑惑地問，「我除了穿在身上的衣服之外，什麼都沒有。」

　　「其實你有足夠的資產，只是你沒有發現。你現在需要的是一個目標，然後開始走向目標。」

　　從談話之中，卡內基逐漸了解到，這個年輕人在從軍之前，曾經擔任機械設備業務員，在軍中他還學得一手好廚藝。也就是說，除了健康的身體，他所擁有的資產還包括烹調手藝及產品銷售的技能。他唯一缺少的是積極進取的雄心和對自己既有資源合理運用的能力。

　　卡內基和他交談了兩個多小時，漸漸使他從一個茫然和絕望的人變成一個擁有積極思考的人。一個靈感突然跳進他的腦海：「我為什麼不運用銷售技巧，說服家庭主婦，然後把烹調器具賣給她們？」

　　這個退伍軍人用手頭僅有的錢，買了幾件像樣的衣服和一套烹調產品，然後就開始了自己的計畫。第一個星期，他賣出了一套烹調器具，賺了 50 美金。第二個星期他用賣第一套廚具的錢批進了第二套，於是得到了加倍的收入。不久之後，他開始訓練業務員，用他的方法幫他銷售成套的烹調產品。4 年之後，他的年收入就超過了 100 萬。

身為父母要知道

在現實生活中，我們往往是心動的時候多，行動的時候少，把希望放在今天，而總把行動留在了明天。夢想著成功，卻沒有付諸行動。而真正的成功者，則是把行動放在現在，把希望放在未來。

父母在教育孩子的過程中，要有意識地培養孩子想到就去做的習慣。每一個成功者，無一例外，都是及時行動者。對他們來說，時間就是生命，就是效率，拖延一分鐘，就是浪費一分鐘。

父母要讓孩子明白，拖延只會白白浪費生命。一個人只有立刻行動才能擠出比別人更多的時間，才能在別人之前抓住機遇，走向成功。

只要孩子有想法，父母就應該督促孩子立即行動，別讓孩子自留退路，更別讓孩子為推遲行動尋找理由。立刻行動，可以讓孩子保持較高的熱情和鬥志，這樣就能提高辦事效率。而相應的，拖延則只會消耗你的熱情和鬥志。

另外，父母在孩子行動之前，要督促孩子為行動留下合理的期限。沒有期限的行動通常是無效的行動或是效率低下的行動。有一個時間約束，就能時刻提醒孩子：必須馬上行動。

再次，父母要督促孩子將計畫執行到位，要一次性落實，絕不能縱容孩子「以後再執行」。因為，「以後」預兆著這次行動的失敗。

身為孩子要懂得

每個人的身上都有一兩種自己所擅長的技能，只要你能合理利用這些技能，並且勇於付諸行動，你就可以從容收穫成功。

第九章　及時行動—通向成功的捷徑

沒有行動就沒有收穫

　　傑米是個普通的年輕人，家中有妻子和兩個小孩，但他的收入並不多。

　　全家人住在一間小公寓，夫婦兩人都渴望有一套新房子。他們希望有較大的活動空間、有乾淨的環境、有寬敞的地方供孩子們玩耍。

　　買房子的確很難，必須有錢支付分期付款的頭期款才行。有一天，當他簽發下個月的房租支票時，突然意識到，每月的房租其實跟買新房分月付款差不多。

　　傑米跟太太說：「下個禮拜我們就去買一套新房子，妳看怎麼樣？」

　　「你怎麼突然想到這個？」她問，「開玩笑！我們哪有能力！可能連頭期款都付不起！」

　　但是他已經下定決心：「跟我們一樣想買一套新房的夫婦大約有幾十萬，其中只有少部分人如願以償，原因是，大家都像我們過去一樣，被頭期款嚇退了腳步。我們一定要想辦法買一套房子。雖然我現在還不知道怎麼湊錢，可是一定要想辦法。」

　　接下來的一個禮拜，他們真的找到一套兩人都喜歡的房子，樸素大方又合理實用，頭期款是 1,200 美元。現在的問題是，如何湊夠 1,200 美元。傑米知道，他無法從銀行借到這筆錢，因為這樣會妨害他的信用，使他無法獲得抵押借款。

　　他突然有了一個靈感：為什麼不直接找承包商談談，向他私人貸款呢？他真的這麼做了，但承包商起先很冷淡，因為他幾乎沒有遇到過這樣的情況。由於傑米一再堅持，他終於還是同意了。他願意傑米把 1,200 美元的借款每月償還 100 美元，利息另外計算。

現在傑米要做的是，每個月如何另外湊夠 100 美元。夫婦倆想盡辦法，一個月只可以省下 25 美元，還有 75 美元要另外設法籌措。

這時傑米又想到一個辦法。第二天早上上班之後，他直接跟老闆解釋了這件事，他的老闆對於他要買新房感到很高興。

傑米說：「彼恩先生，你看，為了買房子，我每個月要多賺 75 美元才行。我知道，當你認為我值得加薪時一定會加的，可是我現在可能還不夠條件，但我確實很想多賺一點錢。公司的某些事情可能在週末做會更好，你能不能答應我在週末加班呢？有沒有這個可能呢？」

老闆對於傑米的誠懇和雄心非常感動，真的找出許多事情讓他在週末工作十小時，於是他得到了他需要的薪水，很快他們全家就歡歡喜喜地搬進新房了。

身為父母要知道

馬上行動是一種習慣，是一種做事的態度，也是每一個成功者共同的特質。

宇宙有慣性定律。什麼事情你一旦拖延，你就總是會拖延，而你一旦開始行動，通常就會一直做到底。因此可以這樣說：展開行動就是成功的一半。傑米以行動證實了自己計畫的可行性。

很多人之所以空有想法，而鮮有行動，是因為他們對未來的彷徨，對不可預知的東西的恐懼，這種現象在孩子身上體現的更為明顯。

所以，要想讓孩子立刻行動，父母必須先替孩子解決內心恐懼這一頑疾。

其實，克服孩子內心恐懼的最佳方法就是行動。督促孩子立刻行動，恐

第九章　及時行動—通向成功的捷徑

懼也將隨之慢慢消失。萬事開頭難，一旦孩子開始行動，孩子的自信心也將慢慢得以建立。建立了自信，行動就更能得心應手的展開。

除此之外，父母還要引導孩子將注意力集中到孩子目前能做的事情上，不能好高騖遠，不能杞人憂天。要開導孩子不要為過去煩惱，也不要為未知的明天而憂愁。只需要好好把握現在，因為我們擁有的僅僅是現在，既不是過去，也不是將來。

所以，去做吧！任何事情想到就去做！現在就做！馬上行動！

身為孩子要懂得

成功只鍾情那些有目標的人。一個人，只有及時行動才能到達成功的殿堂。

及時行動才能到達成功的殿堂

有一位名叫西爾維亞的美國女孩，她的父親是波士頓有名的整形外科醫生，母親在一所大學擔任教授。從念中學的時候起，西爾維亞就一直夢寐以求地想當電視節目主持人，她覺得自己具有這方面的才能，因為每當她和別人相處時，即使是陌生人也都願意親近她並和她暢談。她知道怎樣從人家嘴裡「掏出心裡話」，她的朋友們稱她是「親密的隨身精神醫生」。她自己常說：「只要有人願意給我一次上電視的機會，我相信一定可以成功。」

但是，西爾維亞為這個理想做了些什麼呢？什麼也沒做！她一直在等待奇蹟出現，希望某天有人找到她，從此一夜之間就當上電視節目主持人。西爾維亞不切實際地期待著，結果什麼奇蹟也沒有出現。誰也不會請一個毫無

經驗的人去擔任電視節目的主持人，而且任何一個節目主管都不會跑到外面去搜尋天才，因為總是有別人去找他們。由於這個原因，西爾維亞後來只好當了一名產品營銷員。

另一個名叫辛迪的女孩和西爾維亞一樣，從小就對電視節目主持人懷著夢想，不過後來她真的如願以償。辛迪知道「天下沒有免費的午餐」，一切成功都要靠自己的努力去爭取。她不像西爾維亞那樣等待機會出現，她白天去做工，晚上就在大學的舞臺藝術系上夜校。畢業之後，辛迪開始謀職，跑遍了洛杉磯每一個廣播電臺和電視臺。但是，每個地方的經理給她的答覆都差不多：「至少要有幾年的專業經驗，否則我們不會雇用。」

但是，辛迪不願意退縮，而是大膽走出去尋找機會。她仔細閱讀各類廣播電視方面的雜誌，最後終於看到一則招聘廣告：北達科他州有一家很小的電視臺，招聘一名預報天氣的女播報員。辛迪是加州人，不喜歡北方。但是，有沒有陽光，是不是經常下雨，這些都沒有關係，她希望找到一份和電視有關的職業，做什麼都行！她抓住這個機會，馬上動身到北達科他州。

辛迪在那裡工作了兩年，後來又在洛杉磯的一家電視臺找到了一份工作。又過了 5 年，她終於得到升職的機會，成為夢想已久的節目主持人。

為什麼西爾維亞失敗了，而辛迪卻能夠成功？因為西爾維亞一直停留在幻想中，一直在坐等機會；而辛迪則不同，她一直在行動，終於一步一步地實現了理想。

身為父母要知道

在人生這個大舞臺上，想成就一番偉業的人多如過江之鯽，而結果往往是如願者不足一二，平庸者十之八九。這裡除了機遇、膽略、資金因素外，

第九章　及時行動─通向成功的捷徑

更重要的是大多數人一直處於思考、夢想、遲疑狀態，從而習慣性地推延行動。在猶豫中，錯過了良機，這樣一晃，可能就是一生。只有少數人，不僅有思考的能力，而且還是積極行動的巨人。

辛迪和西爾維亞，一個透過行動取得了成功，一個坐等機會最終一無所獲。事實上，世間永遠沒有絕對完美的事物，「萬事俱備」只不過是「永遠不可能做到」的代名詞。一旦延遲，愚蠢地去滿足「萬事俱備」這一先行條件，不但辛苦加倍，還會使靈感失去應有的樂趣。以周密的思考來掩飾自己的不行動，甚至比一時衝動還要錯誤。

很多時候，你若立即進入工作的主題，將會驚訝地發現，如果拿浪費在「萬事俱備」上的時間去處理手中的工作，往往綽綽有餘。而且，許多事情你若立即動手去做，就會感到快樂、有趣，成功的機率也會增大。

當你有了這樣的體會，不妨告訴你的孩子：事情看起來之所以難，是因為人內心先入為主給事情下了這樣一個定義。只要能腳踏實地的立刻展開行動，難題也會變輕鬆。

身為孩子要懂得

馬上去做，親自去做是現代成功人士的做事理念，任何規畫和藍圖都不能保證你成功。很多企業之所以能取得今天的成就，不是事先規劃出來的，而是在行動中一步一步經過不斷調整和實踐出來的。因為任何規畫都有缺陷，規畫的東西是紙上的，與實際總是有距離，規畫可以在執行中修改，但關鍵還是要馬上去做！根據你的目標馬上行動，沒有行動，再好的計畫也是白日夢。

有了想法就開始

在美國，所有的人都知道一個名字：哈蘭德・桑德斯。

哈蘭德的父親是印第安那州的農民，在哈蘭德 5 歲時就去世了。哈蘭德 14 歲從格林伍德學院輟學，開始了流浪生涯。

哈蘭德在農場做過雜事，過得很不開心。他當過電車售票員，也很不成功。16 歲時，哈蘭德透過謊報年齡參了軍，而軍旅生活讓他厭倦無比。一年的服役期滿後，他去了阿拉巴馬州，開了個鐵匠鋪，不久就倒閉了。

隨後哈蘭德在南方鐵路公司當了機車司爐工。他很喜歡這份工作，以為終於找到了自己的位置。18 歲時他娶了妻子，沒想到僅過了幾個月的時間，就在他得知太太懷孕的那一天，又不幸被解雇了。

有一天，當哈蘭德在外忙著找工作時，太太帶著他們所有的財產，悄悄出走了。

哈蘭德沒有因為屢屢失敗而放棄，他不斷地失敗，也不斷地努力著。

經濟大蕭條來臨了，哈蘭德又開始到處尋找工作。他賣過保險，也賣過輪胎。他經營過一條渡船，還開過一家加油站。結果都無一例外地失敗了。

不久，哈蘭德到科爾賓一家餐館當了主廚。要不是一條新的公路剛好穿過那家餐館，他會一直做下去。

後來，哈蘭德又做過很多事情，但每一件事都是半途而廢。

很快哈蘭德到了退休的年齡，但直到此時，他仍然是一個毫無建樹的人。

時光飛逝，眼看一輩子都過去了，而哈蘭德卻一無所有。

要不是有一天郵差給哈蘭德送來了他的第一份社會保險支票，他還不會

第九章　及時行動—通向成功的捷徑

意識到自己老了。

政府很同情哈蘭德。朋友調侃地對他說：「輪到你擊球時你都沒打中，如今不用再打了。」

是該放棄、退休的時候了。但那一天，哈蘭德突然像被什麼激怒了。面對那張 105 美元的支票，他突然有了一個新的念頭：開一家快餐店。

當時哈蘭德 65 歲，但到他 88 歲高齡時，終於大獲成功。

現在，哈蘭德開創的事業依然欣欣向榮，他的連鎖店遍佈全世界，這個店的名字叫做「肯德基」。

身為父母要知道

一個成功的人最重要的不是他的目標有多遠，不是他的方法有多好，而是他的行動比別人多。只有行動，才能談得上方法；只有行動，才能體現我們的毅力；也只有行動，才能達到我們的目標。哈蘭德用事實證明了及時行動的重要性。

每一位父母都應該向哈蘭德學習，不管是做什麼，想到就應該立刻行動。同時，讓你的孩子也跟隨你，養成凡事想到就去行動的好習慣。

行動應該從第一秒開始，而不是第二秒，要從早上睜開眼睛的那一刻開始，父母就督促孩子馬上行動起來，一直行動下去。這樣持續三個月，孩子可能就養成了馬上行動的好習慣了。

身為孩子要懂得

行動孕育著成功。行動，也許不會成功，但不行動，永遠不能成功。不管夢想是大是小，目標是高是低，從現在開始，積極行動起來，只有緊緊抓住行動這根弦，才能彈出最美妙的音符。

馬上行動，走出困境

現年五十五歲的安德魯·麥克萊恩，曾是英國一名出色的皇家探險隊員。之所以有很多人知道他的名字，是因為他的一次非凡壯舉。

1976 年，他隨英國探險隊成功登上聖母峰。但在下山的路上，他們卻遇上了狂風暴雪。

風雪根本沒有停止的跡象，而他們的食物已經所剩不多。如果停下來紮營休息，他們很可能在沒有下山之前就被餓死；如果繼續前行，因為大部分路標被積雪覆蓋，他們必須要走許多彎路，每個隊員身上所帶的供氧設備及行李會壓得他們喘不過氣來，也許等不到他們餓死，就會因疲勞而倒下。

在整個探險隊陷入迷茫的時候，麥克萊恩率先丟棄所有的隨身裝備，只留下不多的食物 —— 他決定輕裝前行。

這一舉動幾乎遭到所有隊友的反對，他們認為，下山最快的速度也要十天時間，這就意味著十天之中不僅不能安營休息，還可能因缺氧而使體溫下降凍壞身體。那樣，他們的生命將會極其危險。

麥克萊恩堅定地告訴他們說：「我們必須而且只能這樣做。這樣的天氣十天甚至半一個月都可能不會好轉，再拖延下去，路標也許會全部被掩埋，那時，我們就走投無路。現在我們把所有的重物丟掉，從此不再抱任何幻想，全部的意念就指向一個目標 —— 走出暴風雪。徒手而行可以大大提高速度，只要我們有信心，就一定有生的希望！」

隊友們最終採納了他的建議，他們一路互相鼓勵，忍受疲勞和寒冷，結果用了八天時間就到達安全地帶。正像他們預料的那樣，惡劣的天氣一直持續了半個多月。

第九章　及時行動—通向成功的捷徑

　　不久前，倫敦國家博物館的工作人員找到麥克萊恩，請求他贈送一件與當年探險隊登上聖母峰有關的紀念物品，結果他們收到了麥克萊恩幾個凍掉的腳趾。其中還附有他親筆寫的一句話：真正的勇士，是那些關鍵時刻勇於放棄的人。

身為父母要知道

　　及時行動，能助你到達成功的頂峰；及時行動，能助你逃離災難的漩渦。麥克萊恩用行動拯救了自己，挽救了隊友。

　　由此可見，行動來不得半點遲疑，不能有絲毫猶豫。誰錯過最佳時機，誰將承受失敗的教訓。

　　馬上行動吧，當你想到了什麼的時候。用你的行動體現你存在的價值，用你的行動向孩子展現唯有行動，才能有所受益；唯有行動，才能實現自己的理想。

身為孩子要懂得

　　智者做事雷厲風行，糊塗蛋總是拖拖拉拉。一個人應該儘早去做事，否則你就會迫於形勢而去做某事。聰明人當即就會斷定什麼該早點做、什麼該晚些做，並且做得很開心。立即行動，這種態度還會消減準備工作中一些看似可怕的困難與阻礙，引領你更快地抵達成功的彼岸。

遲疑會讓成功打折扣

　　查爾斯是一個打獵愛好者，他最喜歡的生活是帶著釣魚竿和獵槍步行

五十里到森林裡，過幾天以後再回來，筋疲力盡、滿身污泥，卻快樂無比。

這一嗜好唯一不便的是，他是個保險推銷員，打獵釣魚太花時間。有一天，當他依依不捨地離開心愛的鱸魚湖，準備打道回府時，突發異想：在這荒山野地裡會不會也有居民需要保險？這樣我不就可以在戶外逍遙的同時工作了嗎？結果他發現果真有這種人：他們是阿拉斯加鐵路公司的員工。他們散居在沿線五十里各段路軌的附近。

查爾斯當天就開始積極計畫。他向一個旅行社打聽清楚以後，就開始整理行裝。他不肯停下來，因為怕恐懼乘虛而入，自己嚇自己會使以後的主意變得荒唐，以為計畫可能失敗。他也不左思右想找藉口，而只是搭上船直接前往阿拉斯加。

查爾斯沿著鐵路沿線開始了他的工作。很快地，他就成為那些與世隔絕的家庭最受歡迎的人，不只因為沒有人跟他們打交道，而他卻前來拉保；還因為他代表了外面的世界。不但如此，他還學會了理髮，替當地人免費服務。並且，他無師自通地學會了烹飪，由於那些單身漢吃厭了罐頭食品和醃肉，他的手藝自然使他變成了最受歡迎的貴客。同時，他也正在做自己最想做的事，徜徉於山野之間，打獵、釣魚，過著自己想要的生活。

身為父母要知道

行動在任何時候都不會晚。或許在這之前我們錯失了一些好的機會、條件，或者因為自己錯誤的行為產生了一些不好的後果，但是，在一切以前的事態已經成為事實的情況下，我們只有一條路：那就是行動。除此之外，就只能是放棄和失敗。

查爾斯在第一時間將自己的想法付諸實施，沒有讓遲疑影響自己的決

第九章　及時行動—通向成功的捷徑

定，最終收穫了自己想要的生活。

　　這個世界沒有不可能的事情，也沒有來不及的行動，只要你從現在馬上開始做，並堅持下去，你會看到奇蹟發生的。所以不要輕言放棄。

　　同樣，身為父母，也應該鼓勵孩子凡事想到了就要去做，絕不能輕言放棄。

身為孩子要懂得

　　今天想到的事就立刻付諸行動，努力做到，一定不要拖延，因為明天還有新的計畫和新的事情。那些在事業上成功的傑出人士總能夠克服一般人都會具有的拖延，因為他們知道時間的易逝、時間的可貴，所以，對於時間，他們總是像對待生命那樣珍惜。

第十章
關注細節 —— 成敗得失的關鍵

　　一個人能力的高低，在很大程度上就是看他能否把事情做徹底、做好，即從做事情的細節上反映出做事的品質。如果我們帶著一種消極的心態對待「小事」，認為只是一個形式，敷衍了事，淺嘗輒止，則會連「小事」都做不了。正所謂，「天下大事，必作於細」、「千里之行，始於足下」。只有關注細節，才能收穫成功。

細節決定成敗

　　在蘇德戰爭期間的一次戰鬥中，有一個哨兵被派往前沿陣地偵探敵情，他奉命觀察陣地前那片樹林的動靜。那天的天氣不太好，不停地刮著風，樹林中密密的樹枝隨風擺動著，發出陣陣沙沙的聲響。

　　忽然，他發現有一根樹枝不是順著風向傾斜，而是逆風而立。他感到非常奇怪，按照常理來說，樹枝是不可能逆風而立的，這其中一定有其他的什麼原因。他想了片刻，意識到前方很可能有德軍埋伏。於是，他連忙給部隊

第十章　關注細節─成敗得失的關鍵

發出了炮擊的信號，引導蘇軍的炮火轟擊樹林。炮擊過後清掃戰場時，蘇軍果然在樹林中發現了數十具德軍屍體。

原來，一批德軍士兵正潛伏在蘇軍陣地前的小樹林裡伺機偷襲。可在潛伏過程中，有一個德軍士兵感到很疲勞，順手把身上的水壺解下來掛到了身旁的樹枝上。正是這個水壺使樹枝彎到了逆風的方向。那個蘇聯的哨兵及時發現了這一反常現象，從而意識到有敵人埋伏，最終確保了陣地的安全。那些德軍士兵，直到臨死的那一刻，也未能知道究竟是如何被發現的。

蘇聯哨兵透過常識判斷和合理的邏輯分析，出色地完成了偵察任務。他的成功之處，就在於他具有良好的思考能力，從一個不太明顯的現象中發現其背後隱藏的奧妙，並最終贏得了戰鬥的勝利。

身為父母要知道

一個整體是由很多細節組合起來的，誰把握住了事件中的細節，便能夠運籌帷幄，決勝千里。

身為父母我們更應該有耐心地對待工作、生活中的每件事，把握這件事中的每個組成要素，並且認真對待。就如同故事中的蘇聯哨兵，一個細微的異常，讓他看到了當中醞釀的危機，並採取了最正確的行動，最終轉危為安。

父母要想讓孩子養成留心細節的習慣，在平常的教育當中，應當教孩子從小事做起，從細微之處做起。讓孩子做自己感興趣的事，督促他認真做好每一個細節，以此培養孩子良好的品行、習慣、情操。

其實，細節教育並不複雜，只需要我們父母用點心思，腦子裡有關注細節這根弦，隨時隨地都可以進行細節教育，因為，父母是孩子最好的老師，

孩子在細節之中所表現出的良好行為，離不開家長的平時示範，離不開家庭潛移默化的影響。將生活中那些看似點滴的東西做好了，累積起來就是良好的個人特質和習慣，那將是孩子一生享用不盡的財富。

身為孩子要懂得

人生在世，沒有幾個人想平凡地度過一生。在追求成功時，人們卻往往只考慮到整體，唯獨忽略了細節。殊不知很多時候把握了細節，也就把握住了成功。

成也細節，敗也細節

國王的馬夫牽著一匹戰馬來到鐵匠鋪。

「快點幫馬釘上蹄鐵。」馬夫對鐵匠說，「國王要急著出征呢。」

「你得等等，」鐵匠回答。

「我等不及了。」馬夫不耐煩地叫道，「敵人正在向我們的國土推進，我們必須早日出發。」

鐵匠開始埋頭工作，釘了三個掌後，他發現沒有釘子來釘第四個掌了。

「我這需要一個釘子，」他說，「得需要點時間。」

「我告訴過你我等不及了，」馬夫急切地說，「我聽見軍號了，你能不能稍微應付就好？」

「我能把馬掌釘上，但是不能像其他幾個那麼結實。」

「能不能掛住？」

「應該能，」鐵匠回答，「但我沒把握。」

第十章　關注細節—成敗得失的關鍵

「就這樣吧，」馬夫叫道，「快點，要不然國王會怪罪到我頭上的。」

於是，國王騎上他的戰馬出發了。兩軍交上了鋒，國王率領部隊衝向敵陣。

可是國王還沒走到一半，一隻馬蹄鐵掉了，戰馬跌翻在地，國王也被拋在地上。

國王還沒有來得及抓住韁繩，驚恐的戰馬就跳起來逃走了。士兵們突然看不見國王在前面騎馬指揮了，頓時亂了陣腳，紛紛轉身撤退，敵人的軍隊迅速包圍了上來。

國王無力地哀嘆道：「一匹馬，我的國家傾覆就因為這一匹馬。」

身為父母要知道

有時候，把握好一件小事，一個細節，可以收穫一筆財富；相反，一件小事，一個細節上的疏忽，足以讓人葬送一生的幸福，甚至會失去寶貴的生命。

做「小事」是一種做事的方法，更是一種人生的態度，不會做小事的人肯定也不會做大事。「大事」其實是由一件件小事接續組合而成的，養成將每件小事都做好的習慣，正是「做大事」的開端，如果連這一些具體的小事都做不好，「大事」也就無從談起。

國王的結局尤為值得父母們深思。因為國王的教導無方，以至於馬夫辦事粗心大意，最終因為缺少了一個鐵釘讓國王輸了整個國家，這個教訓不可謂不大。

父母在教育孩子時，一定要摒棄「小節無害」的觀念。

現在不少家長的注意力都放在孩子的智力開發、特長培養上，對孩子在

生活中的行為細節關注得都較少，認為孩子罵個人、撒個謊、亂扔一下垃圾，或者磨蹭、懶散、丟三落四、順手牽羊等，這都是些小奸小惡，算不了什麼，因此也就常常採取聽之任之的態度。可實際上這些細節和小事，也會對孩子的人生觀、價值觀產生潛移默化地影響，會演變成一種不良習慣或者品行。小時愛撒謊的孩子，長大了就有可能不講誠信；兒時不懂得謙讓分享的孩子，長大了就有可能不善於合作；兒時愛亂放東西、丟三落四的孩子，長大了就有可能缺少秩序、條理……做父母的一定要意識到，對孩子的教育是沒有「小事」的，所有事情都關乎孩子的健康成長。

身為孩子要懂得

一個人能力的高低，在很大程度上就是看他能否把事情做徹底、做好，即從做事情的細節上反映出做事的水準。如果我們帶著一種消極的心態對待「小事」，認為只是一個形式，敷衍了事，淺嘗輒止，則會連「小事」都做不了。正所謂，「天下大事，必作於細」、「千里之行，始於足下」。從小事做起，盡己所能去做，才能有力地證明自己不是一個庸碌之輩。無論我們從事那種職業，做任何事情，如果忽略了那些看似微不足道的細節，都將會導致致命的災難。

事成於細，毀於嘻

有三個人去一家公司應聘銷售主管。他們當中一人畢業於某知名管理學院，一名畢業於某商院，而第三名則是一家私立大學的畢業生。在很多人看來，這場應聘的結果是很容易預料到的。然而事情恰巧相反。應聘者經過一

第十章　關注細節—成敗得失的關鍵

番測試後，留下的卻是那個私立大學的畢業生。

在整個應聘過程中，他們經過一番測試後，在專業知識與經驗上各有千秋，難分伯仲，隨後招聘公司總經理親自面試，他提出了這樣一道問題，題目為：

假定公司派你到某工廠採購 999 本筆記本，每本大約 20 元。你需要從公司帶去多少錢？

幾分鐘後，應試者都交了答卷。管理學院畢業的應聘者答案是21,500 元。

總經理問：「你是怎麼計算呢？」

「就當採購 1,000 本筆記本計算，可能是要 20,000 元，其他雜費就算1,500 元吧！」答者應對如流。但總經理未置可否。

第二名應聘者的答案是 20,750 元。

他對自己的答案解釋道：「假設 1,000 本筆記本。大概需要 20,000 元左右，另外可能需用 750 元。」總經理對此答案同樣沒表示態度。

接著，他拿起第三個人的答卷，見上面寫的答案是 20,530 元，感覺有些驚異，立即問：「你能解釋一下你的答案嗎？」

「當然可以，」該同學自信地回答道，「筆記本每本 20 元，999 本是19,980 元。從公司到某工廠，搭計程車去時車費 150 元。從工廠回來要租大車載貨，費用要 400 元。因此，最後總費用為 20,530 元。」

總經理不覺露出了會心一笑，收起他們的試卷，說：「好吧，今天到此為止，明天你們等通知。」

身為父母要知道

在我們周遭，想做大事的人很多，但願意將小事做得細緻的人很少。他們做事只圖速度，而不關注細節。其實，細節才是決定問題的關鍵，決定成敗的關鍵。故事中第三個人抓住了細節，將事情做到了細處，最終贏來了機會。

細節決定了一件事的成敗，因此，父母更應該教育孩子從小養成關注細節的習慣。

專家一致認為：來自家庭的細節教育對孩子的成長影響很大，父母在孩子小的時候，教給他什麼細節，也就奠定了他將來具有什麼樣的生活品質，也就決定了孩子將來會有怎樣的人生，所謂「小事成就大事，細節決定完美」，說的就是這個道理。

身為孩子要懂得

有人主張，做大事不拘小節，其實這是一種謬論，同時也是一種很危險的做法。不拘小節有時候會誤大事，這樣的例子不勝枚舉。因此，不管是在生活中還是在學習中，做事都要仔細認真，關注細節，這樣才能將事情做好。

關注細節，成就精彩

美國福特公司名揚天下，不僅使美國汽車產業在世界占居鰲頭，而且改變了整個美國的國民經濟狀況，誰又能想到該奇蹟的創造者福特，當初進入公司的「入場券」竟是「撿廢紙」這個簡單的動作。

第十章　關注細節—成敗得失的關鍵

　　那時候，福特剛從大學畢業，他到一家汽車公司應徵職位，同來應徵的幾個人學歷都比他高，在其他人面試時，福特感到沒有希望了。當他敲門走進董事長辦公室時，發現地上有一張紙。福特很自然地彎腰撿了起來，看了看，原來是一張廢紙，就順手把它扔進了垃圾桶。董事長對這一切都看在眼裡。福特剛說了一句話：「我是來應聘的福特。」董事長就發出了邀請：「很好，很好，福特先生，你已經被我們錄取了。」這個讓福特感到驚異的決定，實際上源於他那個不經意的動作。從此以後，福特開始了他的輝煌之路，直到把公司改名，讓福特汽車聞名全世界。

　　平安保險公司的一個業務員也有與福特相似的驚喜。

　　他多次拜訪一家公司的總經理，而最終能夠簽單的原因，僅僅是他在去總經理辦公室的路上，隨手撿起了地上的一張廢紙並扔進了垃圾桶。

　　總經理對他說：「我透過辦公室窗戶的玻璃觀察了一個上午，看看哪個員工會把廢紙撿起來，沒有想到是你。」

　　而在這次與總經理會面之前，他還被「晾」了 3 個多小時，並且有多家同行在競爭這個大客戶。

身為父母要知道

　　機會往往隱藏在細節之中。雖然有時候你做好了這些細節，未必能遇到平步青雲的機會；但如果你不做，你永遠也不會有這樣的機會。因此，你不妨多關注細節，或許，機會就在你彎腰的瞬間不請自到。

　　福特因為能留心生活當中的細節，所以找到了生命的轉機。他的行為也給父母們一個啟示：成敗得失的關鍵，在於你是否能夠關注細節。

　　留心你生活中的細節吧，從你的行為舉止到教育孩子，讓孩子也從小養

成留心細節、關注細節的習慣。

身為孩子要懂得

有一句話叫作：「勿以善小而不為」，意思是說我們不要因為小善而不屑為之。你要知道，有時候正是因為這些細小的東西決定了一個人的命運，決定了事情的成敗。

成功者善於把握細節

戴爾一向很注重形象。他清楚地認識到，商業社會中，一般人是根據一個人的衣著來判斷對方實力的，因此，他首先訂做了三套昂貴的西裝，然後他又買了一整套最好的襯衫、衣領、領帶、吊帶等，而這時他的債務已經達到了 700 美元。

於是，戴爾就開始自己的第一次創業。

每天早上，戴爾都會身穿一套全新的衣服，在同一個時間、同一個街道與某位富裕的出版商「邂逅」。戴爾每天都和他打招呼，偶爾還聊上一兩分鐘。

這種例行性會面大約進行了一星期之後，出版商開始主動與戴爾搭話：「你看起來混得相當不錯。」

接著出版商便想知道戴爾從事哪種行業。因為戴爾身上所表現出來的這種極有成就的氣質，再加上每天一套不同的新衣服，已引起了出版商極大的好奇。這正是戴爾盼望發生的情況。

戴爾於是很輕鬆地告訴出版商：「我正在籌備一份新雜誌，打算在近期內

第十章　關注細節—成敗得失的關鍵

爭取出版。」

　　出版商說：「我是從事雜誌印刷及發行的。也許，我也可以幫你的忙。」

　　這正是戴爾所期待的。

　　出版商邀請戴爾到他的俱樂部，和他共進午餐，在咖啡和香菸尚未送上桌前，已「說服」了戴爾答應和他簽合約，由他負責印刷及發行戴爾的雜誌。戴爾甚至「答應」允許他提供資金並不收取任何利息。

　　雜誌所需要的 3 萬美元資金和購買衣物的 700 美元都是以戴爾的形象換來的。

身為父母要知道

　　每一位成功者總是善於把握細節，戴爾包裝自己的行為貌似有些冒險，實際是他整個計畫的一個環節。他從包裝自己著手，到計畫的完美實施，可以說環環相扣，最終也使他的計畫如願以償得以實施。

　　並不是所有人都能做到像戴爾一樣，能關注細節，勇於把握細節。大部分人只能按部就班在自己平凡的職位上了卻餘生。這也並不是什麼可悲的事，畢竟人有千面。只要我們能在平凡中體現出我們應有的價值，認真對待我們的工作，做好我們的工作，把它做到我們自己所能做到的極致程度，也就夠了。

　　當然，我們還是能從這則故事中得到一些收穫，那就是：生活還需要我們有一顆細膩的心。只有用心，才能讓人生更精彩。

　　將你的感悟告訴給孩子吧，和孩子共同分享你的收穫，有時候比你單純的說教可能更有效果。

身為孩子要懂得

成功的人絕不會放過每一件小事，他們對什麼事情都極其敏感，能夠從許多平凡的生活事件中發現很多獲得成功的機遇。

做生活的有心人

日本有一家高科技公司，公司上層發現員工一個個萎靡不振。經諮詢多方專家後，他們採用了一種簡單而別緻的治療方法 —— 在公司後院用圓潤光滑的小石子鋪成一條石子小道。每天上午和下午分別抽出 15 分鐘時間，讓員工脫掉鞋，在石子小道上隨意行走散步。起初，員工們覺得很好笑，覺得在眾人面前赤足很難為情，但時間一久，人們便發現了它的好處，原來這些小石子起到了一種按摩的作用。

後來，很多人都知道了這件事，然而只有一個年輕人由此受到啟發開始做生意。他選取了一種略帶彈性的塑膠墊，將其截成長方形，然後將小石子一分為二，黏滿膠墊，經過反復修改，他開始批量生產。隨後的半個月裡，他每天都派人去做推薦。產品的代理銷售穩定後，他又開拓了幾項上門服務：為大型公司在後院中鋪設石子步道，為幼兒園、小學在操場邊鋪設石子樂園，為家庭鋪設室內石子步道、石子浴室地板、石子健身陽臺等。

緊接著，他將單一的石子變換為多種多樣的材料，如七彩的塑料、珍貴的玉石，以滿足不同人士的需要。

小石子鋪就了這位年輕人的成功之路，成為改變其人生的契機。

第十章　關注細節—成敗得失的關鍵

身為父母要知道

生活需要一雙細心觀察的眼睛。一個人要想創造更大的價值，就要心思細膩，從點滴做起。以認真的態度做好每件小事，以認真負責的心態對待每個細節，就如故事中的年輕人，當別人還在享受這種樂趣的時候，他卻從中看到了機會。

機會通常都鍾情於生活的有心人，或者說，只有生活的有心人才能從細微處發現機會，把握機會。

因此，父母在教育孩子的過程中，要培養、引導孩子用自己的慧眼和巧手，去發現細節，研究細節，善待細節，以「潤物細無聲」的方式引導孩子，讓孩子養成關注細節的好習慣。

身為孩子要懂得

每個人每天總會遇到一些事，你是做生活的有心人，去分析這事物背後隱藏的契機，還是一笑而過，視而不見，決定你一生成就的高低。

做好細節才能盡善盡美

美國前國務卿亨利・季辛吉博士，在諸事繁忙之時，仍然堅持讓自己的下屬不斷地培養對細節關注的習慣。有一次，他的助理呈遞一份計畫給他，數天之後，該助理問他對其計畫的意見時，季辛吉和善地問道：「這是不是你所能做的最佳計畫？」

「嗯……」助理猶疑地回答，「我相信再做些改進的話，一定會更好。」

季辛吉立刻把那個計畫退還給他。

努力了兩週之後，助理又呈上了自己的成果。幾天後，季辛吉請該助理到他辦公室去，問道：「這的確是你所能擬定的最好計畫了嗎？」

助理後退了一步，喃喃地說：「也許還有一兩點可以再改進一下……也許需要再多說明一下……」

助理隨後走出了辦公室，腋下夾著那份計畫，他下定決心要擬出一份任何人──包括亨利・季辛吉都必須承認的「完美」計畫。

這位助理日夜工作，有時甚至就睡在辦公室裡，三週之後，計畫終於完成了！他很得意地跨著大步走入季辛吉的辦公室，將該計畫呈交給國務卿。

當聽到那熟悉的問題「這的確是你能做到的最最完美的計畫了嗎」時，他激動地說：「是的。國務卿先生！」

「很好。」季辛吉說，「這樣的話，我有必要好好讀一讀了！」

身為父母要知道

認真做事只是把事情做對，用心做事才能把事情做好。在這一個細節制勝的時代，任何一件事件都是做出來而不是喊出來的。故事中助理三番五次對計畫的修改，這說明一開始他並沒有關注細節，至少對細節的關注不夠，在一再修改後，才讓計畫趨近完美。

身為父母，一定要牢記：一件沒有預料到的事情可能會引起故障，一個長期被忽視的小問題有可能會導致一次危機，每一個大問題裡面都有一系列的小問題，因此，我們應該從關注小問題著眼。培養孩子也應該從小問題著眼。

凡事無小事，簡單不等於容易，只有花大力氣，把小事做細，才能把事情做好，因此，從現在開始，我們應該努力把小事情做對，做好，這樣才能

第十章　關注細節—成敗得失的關鍵

把大事情做好。

身為孩子要懂得

　　要做好一件事情，就必須認真細緻地做好每一個細節，追求每一個細節的完美，這樣才能將事情做到盡善盡美。

第十一章
智者創新 —— 破舊立新的妙招

　　任何成功最初就是一個思路，任何失敗最初也是一個思路。思路決定出路，觀念決定行動。失敗是因為我們觀念的落後。當你轉變了觀念，讓你的觀念超越他人時，你也就優於他人。可見，不依循公式，與眾不同的思路最終能成就一個人。成功其實就這麼簡單：它只需改變一下原來的思路就行了。智者重在創新，創新就能破舊立新。

路太窄是因為我們的視野不夠寬

　　1956 年，日本松下電器與生產電子精品的大阪製造廠合資，設立了大阪電子精品公司，製造電風扇。當時，松下幸之助委任松下電器公司的西田千秋為總經理，自己擔任顧問。

　　這家公司的前身是專做電風扇的，後來開發了民用排風扇。但即便如此，產品還是顯得很單一。西田千秋準備開發新的產品，試著探詢松下的意

見。松下對他說：「只做風的生意就可以了。」

松下的想法是想讓松下電器的附屬公司盡可能專業化，以期有所突破。可是當時的電風扇製造已經做得相當卓越，完全有餘力開發新的領域。儘管如此，西田得到的仍是松下否定的回答。

然而，西田並未因松下這樣的回答而灰心喪志。他緊盯住松下問道：「只要是與風有關的，任何事情都可以做嗎？」

松下並未細想此話的真正意思，但西田所問與自己的指示很吻合，所以回答說：「當然是這樣。」

四、五年之後，松下又到這家工廠視察，看到廠裡正在生產暖風機，便問西田：「這是電風扇嗎？」

西田說：「不是。但它和風有關。電風扇是冷風，這個是暖風。你說過，要我們做風的生意。這難道不是嗎？」

松下公司的精品，越來越豐富了，除了電風扇、排風扇、暖風機、鼓風機之外，還有果園和茶園的防霜用換氣扇、培植香菇和家禽養殖用的調溫換氣扇……西田千秋只做風的生意，就為松下公司創造了一個又一個的輝煌成績。

身為父母要知道

有一句話說得好，思路決定出路。西田透過自己彈性的思考，為松下創造了眾多的產品，為這個全球知名企業做出了卓越的貢獻。

思考的彈性，可用由一個項目所聯想到的別的項目的種類多少來衡量。這裡不看重項目數量，看重的是種類的不同，如同西田開發的不同種類和風有關的電器。

　　思考的彈性是創造力在行為上的一種表現。具有彈性思考的人，遇到事情能舉一反三，做到觸類旁通，因而能產生超常的構思。可以說，一切發明創造，都離不開思考彈性。家長應從小就培養孩子思考的彈性。對於孩子有時候提出的怪問題，做的怪事情，得的怪結果，想的怪主意，不要不分青紅皂白，一概指責；而是要分析對錯，因勢利導。

　　如此，才能讓孩子健康成長。

身為孩子要懂得

　　一個人之所以在生活的道路上走不好，不是因為路太狹窄，而是由於我們的視野不夠寬闊。所以說最終堵死我們的不是路，而是我們自己的思路。一個思路開闊的人，看問題往往是從多種角度，想事情同樣是有幾條思路，絕不會一條路走到黑。

擁有與眾不同的想法

　　一家公司的總經理性情暴躁，總是喜歡無故朝下屬發脾氣。

　　有一天，黑人推銷員喬治再也忍不住了：「夠了！總經理先生，我現在就辭職，我會過得比現在更好！」總經理冷笑著說：「好吧，我倒要看看，你將如何度過自己淒慘的後半生！」

　　喬治靠自己僅有的 200 美元招了三名工人，就在原公司的對面租了一間房子，掛出了「黑人化妝品公司」的牌子。

　　喬治知道自己的公司無論在財力、人力及勢力上都無法與原公司相比，於是他集中精力研製了一種粉質雪花膏。在推銷該產品時，他在廣告中宣傳

說：「當你用過某某化妝品之後，再擦上一層喬治的粉質膏，將會收到意想不到的效果。」同事們認為這是在無形之中替原公司做廣告，喬治卻說：「就是因為他們公司的名氣大，我們才這樣說。打個比方，現在很少人知道我叫喬治，可如果我想辦法站到美國總統身邊的話，我的名字馬上就會世人皆知。推銷化妝品也是這個道理。」這一宣傳策略果然很靈驗，消費者自然而然地接受了喬治公司的產品，市場被迅速打開了。

喬治便借此時機，在原公司失去戒備的情況下，接連推出了幾種系列產品。現在，喬治公司的化妝品獨霸了美國的黑人化妝品市場，而原來那家大公司完全被擠出了市場。

身為父母要知道

「想到才能做到。」這說明決策者的思路如何，將與事業的最終成敗息息相關。小到一個公司部門，大到一個國家都是這樣。物競天擇，優勝劣汰，對企業而言，如果要在激烈的市場競爭之中立於不敗之地，一定要有清晰、正確的思路作先導。

對於父母而言，能否擁有靈活變通的思路，決定你職業生涯是否通暢。

對於孩子來說，擁有與眾不同的想法，能讓他鶴立雞群。

因此，身為父母，在提升自我的同時，要關注孩子創新意識的培養。

身為孩子要懂得

人們按照自己的常規思路，經歷了千萬次的努力還是沒有取得成功，而有些時候取得成功卻全不費工夫，這種突然而至的成功中往往就包含著意想不到的創造性。如果你要成功，你應該朝新的道路前進，不要跟隨被踩爛了的成功之路。

成功來自於創新

減肥中心自從開張以來沒有一點生意，女老闆眼看著每日如流水般的各項支出，卻見不著有多少錢進帳可以平衡這些開銷，急得不知怎麼辦才好。忽然，一個念頭躍進了她的腦海裡。

隔了兩個星期，報紙上登了一則廣告：「在本減肥中心的大門口，您絕對見不到一個胖子走出來，如發現有胖子由大門走出者，中心贈獎金 10 萬元。」

此廣告不僅被登在報紙上，而且還被登在宣傳單上四處散發。這個奇特的廣告吸引了許多群眾圍觀。人們發現，每天從減肥中心大門走出來的果然都是瘦子，見不到一個胖子。

原來，女老闆把大門改裝成兩個不同的出入口。外面看起來這兩個出入口的大小形狀都一樣，可是，她特別在出口的內層，加裝了兩道很粗的鋼管，人必須側身由這兩道鋼管的中間通過，才能抵達大門的出口處。兩道鋼管中間的空隙只容得下一個側過身的瘦子穿過去。

那麼胖子怎麼辦呢？當然只能由減肥中心後面的小門走出去！

人們在門口看不到胖子，必定好奇地進入中心，當他想出來時，能走出來的瘦子自然得意，而必須走後門的那些富態一點的人一定愧疚地想：「哇！不得了，我被列入胖子群，該減肥了！」於是就不由自主地坐下來聽宣傳人員的解說。

減肥中心從此顧客多得應接不暇。

身為父母要知道

創新往往被推崇為智者的專利，艱深玄妙，一般人可望而不可及。其實

第十一章　智者創新—破舊立新的妙招

不然，創新並非都是高深、神祕、複雜的，它是在我們生活中普遍存在的，關鍵是你是否能發現它，正視它。

隨著時代的發展，尤其是知識經濟時代的即將到來，需要我們的孩子從小就培養起創新精神。知識的無國界性、非獨有性、無限供應性，使得知識經濟必然是全球性的。誰擁有知識誰將是強者，而獲取知識，主要取決於教育。前任聯合國教科文組織總幹事費德里科‧馬約爾在世界教育報告中說：「我們給子孫後代留下一個什麼樣的世界，在很大程度上取決於給這個世界留下一個什麼樣的子孫後代。」

每一個孩子都具有創造的潛力。作為父母，您可以用不同的方法開發孩子的創造潛力，鼓勵孩子做以下幾件事：

1. 做一件孩子從沒想過要做的事。讓孩子利用空閒時間，弄清家裡的管線系統，搞清哪些是煤氣管道？那些是暖氣管道？哪些是排水管道？弄明白它們從哪裡進來，又通向哪裡？這些管線系統有沒有潛在危險？有沒有不合理的地方需要改進？

2. 讓孩子做一件自己想做而卻一直沒有動手的事情。例如鼓勵他為自己崇拜的人物寫一個傳記；或提一個解決交通堵塞的辦法（不管可行不可行，讓孩子多開動腦筋）。

父母在開發孩子創造潛力時，不可貪大，要由近及遠，點滴成河，老老實實，痛下功夫，如此，才可能培養起孩子的創新意識。

身為孩子要懂得

一切創新活動都是以創新思維為先導，創新思維推動著創新實踐活動。面對日新月異的資訊爆炸時代，只有創新，才能在激烈的競爭中立於不敗之

地，才能不斷地走向成功，才能更好地生存與發展。

創意讓你與眾不同

一家旅館的經理，為旅館內的物品經常被住宿的客人順手牽羊感到頭痛，卻一直拿不出有效的對策來。旅館經理覺得這樣下去不是辦法，於是召集了各部門主管，討論有什麼更好的法子，能制止客人順手牽羊。幾個主管圍坐在一起認真地討論。

一位年輕主管忽然說：「既然客人喜歡，為什麼不讓他們帶走呢？」

旅館經理一聽瞪大了眼睛，這是哪門子的餿主意？

年輕主管急忙揮揮手表示還有下文。他說：「既然客人喜歡，我們就在每件東西上標價。說不定，還可以有額外收入呢！」

大家眼睛都亮了起來，興奮地按計畫進行。

針對這一點，這家旅館對每樣東西都標上了價，說明客人如果喜歡，可以向櫃檯登記購買。在這家旅館之內，忽然多出了好多東西，如：牆上的畫、手工藝品、有當地特色的小擺飾、漂亮的桌布，甚至柔軟的枕頭、床罩、椅子等用品都有標價。如此一來，旅館裡裡外外都佈置得美輪美奐，客人們的印象好極了。

這家旅館的生意竟然越來越好了！有許多客人旅行前向旅行社指定要住這家旅館，因為在這裡可以買到價格公道的物品，省掉了跑到街上買紀念品的麻煩。結果一年下來，年終盈餘有一大部分是靠賣東西得來的。

第十一章　智者創新—破舊立新的妙招

身為父母要知道

當我們遇到困難或挫折時，如果換種思路去考慮它，或許許多困難都會迎刃而解，或許會給我們帶來另一個成功的世界。故事中，年輕主管一個別出心裁的創意，解決了讓經理頭痛的問題，並為旅館帶來了意想不到的收穫。

當一顆普通的種子掉在你身邊時，你或許會置之不理，但達爾文卻將它拾起，數十年後，演化論展現在人們面前。當一縷光線在你身後投下一片影子時，你可能不以為然，但愛因斯坦卻反覆思考，數年後，光量子理論震驚了全世界。

偉人們以不尋常的思考角度從生活中的小事悟出了天地的玄妙，品出了人生的韻味，進而取得了成功。顯而易見，解決問題的思路不同，結果也就不同。21 世紀充滿競爭和創新，要創新，我們就必須用非同尋常的思路來充實自己，挑戰機遇。

但是，創新意識的培養需要一個過程，因為對以往有所不滿，所以才有創新；因為之前有所累積，才能在此基礎上進行創新。創新的過程是思索的過程。父母應該幫助孩子在學習和生活的實踐中勇於創新，善於創新。

身為孩子要懂得

勇於在眾人面前表達自己的觀點，突破常規，這需要勇氣和魄力。也唯有如此，才能脫穎而出。不是有這樣一句話嗎 ——「誰聰明誰才能賺，誰獨特誰才能贏。」

智慧孕育創新意識

一天，美國加利福尼亞州某醫院來了一對年輕夫妻，男的滿面愁容，女的哭哭啼啼，他們抱著一個嬰孩走到了值班醫生的面前。值班醫生打量了一下孩子，感嘆地說：「唉，又是食物燙傷！」

所謂食物燙傷，就是在給孩子餵流食時，沒有掌握食物的溫度，而將嬰孩的口腔燙傷了。如果嚴重的話，還會殃及喉頭及食管，是一種醫治困難的毛病。

得這種「病」的嬰孩太多了，給嬰孩餵食物稍有不慎，就會造成食物燙傷。所以，有的母親在給嬰孩餵食物時，往往先自己試試食物的溫度，但總有忘掉的時候，況且大人和嬰孩對熱度的忍受力有很大的差異，大人感到溫度正常的食物，嬰孩很可能會覺得太燙。

值班醫生檢查完嬰孩的傷情後，感嘆地說：「如果湯匙上有個溫度計就好了。」

醫生旁邊的一個年輕人靈機一動，不久就推出了一種叫「溫度匙」的產品。

這種產品實際上就是在湯匙上加上一支溫度計，使人一眼就可看到匙中食品的溫度是否適宜，基本上就只是兩個物品的組合。產品推出後，銷路很好，它的成本只不過 30 美分，而零售價卻是 10 美元，那個年輕人也由此發了大財。

身為父母要知道

創新能力是創新精神的重要組成部分。人的創新能力就像市場投資一樣，是將人的能力和精力投入新的高質量的思想中，花最小的代價，創造最

有價值的產品。就如同故事中的少年一樣。

　　一個人能否發揮其創新能力，受到六個因素的影響。這六個因素分別是：智力、知識、認知、個性特徵、動機和環境。創新能力充分發揮的關鍵是這六個因素的投入和其中的凝聚方式。智力是創新能力的一個重要來源；知識是創新能力產生的重要條件；認知是對智力和知識的整合；個性是創新能力發展的重要保證；動機是創新能力的動力源；環境是創新能力形成的客觀條件。

　　因此，父母培養孩子的創新能力時，不妨從以上這六方面著手。

身為孩子要懂得

　　在創新活動中，只有知識廣博、資訊靈敏、理論功底深厚、實踐經驗豐富的人，才易於在多學科、多專業的結合創新中和跳躍性的創造性思維中取得大的突破。

不同的眼界，不同的收穫

　　在義大利的一個小村子裡，有兩個叫布魯諾和柏波羅的年輕人，他們是堂兄弟，而且都雄心勃勃。

　　一天，機會來了。村裡決定僱兩個人把附近河裡的水運到村廣場的水缸裡去。這份工作交給了柏波羅和布魯諾。兩個人都抓起兩個水桶奔向河邊。一天結束後，他們把村上的水缸裝滿了。村裡的長輩按每桶水一分錢的價格付錢給他們。

　　第二天，柏波羅說：「一天才幾毛錢的報酬，卻要這樣來回提水，乾脆我

們修一條管道把水引到村裡去吧。」布魯諾大聲嚷嚷道：「柏波羅，我們有一份很不錯的工作。我一天可以提一百桶水。一分錢一桶水的話，一天就是一塊錢！一個星期後，我就可以買雙新鞋；一個月以後，我就可以買一頭母牛；六個月後，我就可以蓋一間新房子。我們有全村最好的工作。放棄你的管道吧！」

但柏波羅相信他的夢想終會實現。於是他就去做了。每天，他將一部分時間用來提水，另一部分時間以及週末用來建造管道。

布魯諾和其他村民開始嘲笑柏波羅，布魯諾賺到的錢比柏波羅多一倍，他不斷地向柏波羅炫耀自己新買的東西。

柏波羅不管這些，繼續挖他的管道，哪怕每次只是一英吋。

最後，柏波羅的好日子終於來到了——管道完工了！現在村子裡源源不斷地有乾淨水源供應了。柏波羅也不用再提水桶了。而柏波羅口袋的錢也就越來越多。

管道使得提桶人布魯諾失去了工作。於是柏波羅找到布魯諾說：「布魯諾，我想教你建造管道……然後你再教其他人……然後他們再教其他人……直到管道鋪滿本地區的每個村落……最後，全世界的每有一個村子都有管道。」

柏波羅繼續說：「我們只需從流進這些管道的水中賺取一個很小的比例。越多的水流進管道，就有越多的錢流入我們的口袋。我所建的管道不是夢想的結束，而只是開始。」

布魯諾終於明白了這幅宏偉的藍圖。他笑了，他向他的老朋友伸出他那粗糙的手。

第十一章　智者創新─破舊立新的妙招

身為父母要知道

創新不一定就是必須拿出一種世人所從未見過的東西，其實在一些人們已經熟悉的東西上進行創新更加難能可貴。比如做一件事，原來需要一個小時，但是在你認真的思考之後，只需半個小時就可以做完，這也是一種創新！

柏波羅勇於創新，所以擺脫了繼續提水的命運；而布魯諾因為安於現狀，不肯轉變思路，最終只能收穫失業的結局。

人的創造力是產生新思想、發現和創造新事物的能力。它是成功地完成某種創造性活動所必須的心理根基。與一般能力的區別在於它的新穎性和獨創性，其中的重要成分是發散思維。

人的創造力既不單憑遺傳，也不全靠環境。父母在孩子創造能力的培養中，可以有所作為，同時其作用也是有限度的。創新精神是人從事創新活動所需的基本心理狀態，主要包括創新意識和創新個性。

創新意識：指個體從事創新活動的主觀意願和態度，常表現為總想用新的思路、新的方法去解決問題的探索欲望。

創新個性：指個體從事創新活動時表現出來的穩定的個性心理特徵，其差異性在一定程度上決定其創新成就的大小。

要培養孩子的創新精神，務必要督促孩子確實好好學習，學習既有文化相對比創新容易，如果連容易的事情都做不好，要想創新，就更加困難。只有先刻苦學習，大發明大創造才有可能。

身為孩子要懂得

每個人得到的機會都是均等的，不同的只是他們在經過思考後的選擇。

對於同一個地方，即便滿地黃金，有的人還是難以生存，這只能是見仁見智了。

另闢蹊徑，柳暗花明

柯特大飯店是美國加州聖地牙哥市的一家老牌飯店。由於原先配套設計的電梯過於狹小老舊，已無法適應越來越多的客流。於是，飯店老闆準備改建一個新式的電梯。他重金請來全國一流的建築師和工程師，請他們一起商討，該如何進行改建。

建築師和工程師的經驗都很豐富，他們討論的結論是：飯店必須新換一臺大電梯。為了安裝好新電梯，飯店必須停止營業半年時間。

「除了關閉飯店半年就沒有別的辦法了嗎？」老闆的眉頭皺得很緊，「要知道，這樣會造成很大的經濟損失……」

「必須得這樣，不可能有別的方案。」建築師和工程師們堅持說。

就在這時候，飯店裡的清潔工剛好在附近拖地，聽到了他們的談話，他馬上直起腰，停止了工作。他看著憂心忡忡、神色猶豫的老闆和那兩位一臉自信的專家，突然開口說：「如果換上我，你們知道我會怎麼來裝這個電梯嗎？」

工程師瞟了他一眼，不屑地說：「你能怎麼做？」

「我會直接在屋子外面裝上電梯。」

工程師和建築師聽了，頓時詫異得說不出話來。

很快，這家飯店就在屋外裝設了一部新電梯。在建築史上，這是第一次把電梯安裝在室外。

第十一章　智者創新—破舊立新的妙招

身為父母要知道

成功其實就這麼簡單：只需改變一下原來的思路就行了。思路決定了出路，思路正確、獨特，自然能成功，此乃規律，無論是企業還是個人，都不能例外。

但是，為什麼故事中的建築師和工程師們卻想不出將電梯直接裝在屋子外面的主意，這是因為他們的固有思維模式禁錮了人的多向思維，而清潔工卻從生活實踐中找到了最好的方案。

可見，要想讓人擁有創新意識，多向思維的培養不可忽視。

多向思維是一種沿不同方向、在不同範圍、不因循傳統的思維方式。美國心理學家吉爾福特認為，多向思維與創造力有直接關係，可以使思維靈活，能讓人豐富想像，積極探索求異，堅持自己的獨立見解。這就要求父母在對孩子進行教育時，要善於挖掘生活中蘊含的創造性因素。要鼓勵孩子在面對任何一件事情時，採用不依常規的方法，去尋求答案，發現新事物。

身為孩子要懂得

不要因為別人都這樣做，你也這樣做；也不要因為過去是這樣做，現在就得這樣做。傳統的思維禁錮了我們的創新思維，拖累了發展的腳步。當別人都習慣於縱向地將蘋果切開時，你不妨橫著切，說不定你會發現另一幅美景。

靈機一動，走出活路

19世紀中葉，美國加州傳來發現金礦的消息。許多人認為這是一個千載

難逢的發財機會，於是紛紛奔赴加州。17歲的小農夫亞默爾也加入了這支龐大的淘金隊伍，他同大家一樣，歷盡千辛萬苦，趕到了加州。

越來越多的人蜂擁而至，一時間加州遍地都是淘金者，而金子自然越來越難淘。不但金子難淘，而且生活也越來越艱苦。當地氣候乾燥，水源奇缺，許多不幸的淘金者不但沒有一圓致富夢，反而葬身此地。

小亞默爾經過一段時間的努力，和大多數人一樣，沒有發現黃金，反而被飢渴折磨得半死。一天，望著水袋中一點點捨不得喝的水，聽著周圍人對缺水的抱怨，亞默爾突發奇想：淘金的希望太渺茫了，還不如賣水呢。

於是亞默爾毅然放棄對金礦的努力，將手中挖金礦的工具變成挖水渠的工具，從遠方將河水引入水池，用細紗過濾，成為清涼可口的飲用水。然後將水裝進桶裡，挑到山谷一壺一壺地賣給找金礦的人。

當時有人嘲笑亞默爾，說他胸無大志：「千辛萬苦地到加州來，不挖金子發大財，卻做起這種蠅頭小利的買賣，這種生意哪裡不能做，何必跑到這兒來？」

亞默爾毫不在意，不為所動，繼續賣他的水。把幾乎無成本的水賣出去，哪裡有這樣好的買賣，哪裡有這樣好的市場？

結果，淘金者都空手而歸，而亞默爾卻在很短的時間裡靠賣水賺到了幾千美元，這在當時是一筆非常可觀的財富。

身為父母要知道

任何成功最初就是一個思路，任何失敗最初也是一個思路。思路決定出路，觀念決定行動。失敗是因為我們觀念的落後。當你轉變了觀念，讓你的觀念超越他人時，你也就優於他人。可見，不落俗套，與眾不同的思路最終

能成就一個人。

在孩子的成長過程中，身為父母，又該如何培養孩子的創新精神和創新能力呢？

首先，父母要做一個有開放性的父母，要營造有利於孩子創新素養發展的家庭氛圍。

著名心理學家卡爾‧羅傑斯認為：「心理安全」和「心理自由」是促進創新素養發展的重要條件。家庭應當創設一種友好的、寬容的、激勵性的和有利思想交流的良好心理氛圍。這種良好的心理氣氛，能使孩子在思想較為解放的情況下「無拘無束」地進行創新思維活動。

其次，讓孩子多接觸生活，養成提問的良好習慣。

父母應該看到，在生活中，時時處處都有知識、有科學、有問題，平時就應該多將孩子帶到自然中去，接觸社會，讓孩子養成喜歡觀察問題、提出問題、思考問題的習慣。

父母應該清醒地認識到，孩子的一舉一動都蘊藏著創造力，只要我們能精心呵護、引導和培養，孩子一定能逐漸擁有創新意識。

身為孩子要懂得

思路決定出路。不管什麼時候，你必須要有一個清晰的思路。思路決定了你現在需要做什麼，現在所做的又決定了你未來的發展。

突破固有思維就是創新

一艘豪華輪船在大西洋上已經航行了好多天，船上的客人們開始感到長

途旅行的無聊。他們每天都辦舞會，可是，老是這樣只跳舞也是很無聊的，於是，他們開始商量怎麼打發這無聊的時光。

有個人提議道：「我們每晚都玩一個遊戲吧。每天一個新的，這樣就不會因為老是重複而無聊了。」

有人覺得很好，連忙點頭。

「可是，」又有人提出了疑問，「一天一個新遊戲，哪有那麼多啊？」

「是啊。」大家又有些洩氣。

「這樣吧，我們輪流主持吧，每天一個人，這個人負責想一個新的遊戲。」有位紳士提議。

「好的，好的。」大家覺得很有道理，以後每天就不會很無聊了。

這天輪到了伯爵。伯爵從白天就開始琢磨有什麼好玩的遊戲，他的女兒給他想了個好主意。這天晚宴結束了，人們興致勃勃地等著看今晚的新遊戲。一會兒，伯爵在女兒的攙扶下，走到了桌子的前面。

「各位女士，各位先生，大家晚上好。」伯爵說。

「今天晚上，非常榮幸由我來出個遊戲。可是我年紀大了，想不出什麼遊戲，我的女兒就說我們晚上安排大家進行個小小的比賽，大家同意嗎？」

「當然沒問題。快出題吧。」大家有些迫不及待。

伯爵拿出來一個雞蛋，舉得很高以便大家都能看到，說：「這個雞蛋是熟的，我們今天就比誰能把這個雞蛋立起來，誰把它立起來了，誰就可以和我漂亮的女兒跳一支舞，你們覺得怎麼樣？」

「好啊，多有意思，我們來試試吧。」大家躍躍欲試。

大家都聚到了桌子前面，一個人搶先拿到了雞蛋，他把雞蛋的大頭朝下，小心翼翼地想把它立在桌子上，可是試了好幾次都失敗了。

第十一章　智者創新—破舊立新的妙招

第二個人趕忙說：「讓我試試！」可是，他忙了半天也沒有結果。

後面的人著急了，一個個都想親手試一下。

可是，大家都是徒勞，沒有一個人成功。

「看來，今天我的女兒沒法跳舞了。」伯爵失望地說。

「讓我試試吧。」一個聲音從遠處傳來，原來是一位年輕的紳士。

「好吧，快來吧。」伯爵說。

年輕的紳士從人群中走到了桌子旁，只見他拿起了雞蛋，「啪」地往桌子上一敲，雞蛋頃刻間站住了，大家都驚訝得說不出話來。

「恭喜你，孩子。」伯爵說，「你可以跳舞了。」音樂響起，紳士和漂亮的伯爵女兒在舞池中旋轉。

身為父母要知道

成大事者所具有的種種力量中，最神奇的莫過於思考的能力。善於思考者，即使有銅牆鐵壁，也不能擋住他前進的腳步。更何況是一個一碰即破的雞蛋。

破則立。突破了以往就是創新。年輕的紳士敲碎雞蛋使之立於桌面，看起來是一個很簡單的行為，但頭腦中造就的卻是智慧的旋風。後天累積起來的創新意識讓他脫穎而出。

創新離不開知識、勇敢、自信。因此，凡是希望透過創新來改變世界達到人生成功的人，都應當具備豐富的知識和勇敢自信的心理特質。

很多人不敢創新或者說不願意創新，是因為現實的壓力、習慣的勢力，害怕冒險和失敗，從眾的思想把自己固定在了刻板的行為模式之中，撲滅了自己創新的火焰。這就需要人們經常換一個角度思考問題，運用創造性思維

去突破因循守舊的習慣性思維，培養自己的創新能力，消除影響創新能力的障礙，這才是一個成大事者應該做的。

同時，父母也要將孩子塑造成一個勇於、善於運用創造性思維去突破因循守舊的習慣性思維的人，提升孩子的創新能力，幫助孩子消除影響創新能力的障礙。

身為孩子要懂得

用與眾不用的思維方式，來解決大家都解決不了的問題，這就是創新。創新意識能讓你站在和他人不一樣的人生高度。

第十一章　智者創新—破舊立新的妙招

第十二章
掌控情緒 —— 處變不驚的前提

一位哲學家說過：「不善於駕馭自己情緒的人總會有所失。」良好的情緒可以成為事業和生活的動力，而惡劣的情緒則不僅會對身心健康產生破壞作用，甚至會產生災難性的後果。人的情緒和其他一切心理過程一樣，是受大腦皮層的調節和控制的，這就決定了人是能夠有意識地控制和調節自己情緒的，所以可以用理智駕馭情緒，做情緒的主人。

別讓情緒欺騙了理智的慧眼

傳說，遠古時候鱷魚曾經是地球上數量龐大的生物之一，無論是平原、森林，還是沼澤，到處都可以看到鱷魚的身影。

鱷魚家族的興旺，招致了恐龍家族的忌恨和圍剿。面對家族成員的凋零，生存地域愈來愈狹小的境地，鱷魚大王只知道感嘆昔日的輝煌，哀嘆現在的不幸，終日以淚洗面，無所作為。蚯蚓大王見了，好心地勸告鱷魚大

王：「別只顧用淚水浸泡往事了，採取實際行動加緊鍛鍊吧，這樣或許還能爭回些地盤。」

鱷魚大王不屑一顧地說：「你這種只知道鑽地的東西，輪得上你來教訓我嗎？」

蚯蚓大王聽了，搖了搖頭再也不說什麼，帶著牠的一大群臣民和子孫繼續在土壤中耕耘。

鱷魚大王仍不思進取，除了退讓就是一味地流淚嘆息。

就這樣，過了一個又一個世紀，直到恐龍滅絕了，鱷魚家族還是未能恢復往昔的繁榮，如今在平原和大森林中再也難覓牠們的身影。牠們躲到了沼澤、湖泊、河流中去生存，唯一保持不變的只有那時不時流淚的特性。但是人們對牠們流的這種淚不再抱以同情的態度，而是把「鱷魚的眼淚」當成是假仁假義的代名詞。

而蚯蚓家族呢，牠們不但用汗水為人類貢獻了大量的肥沃土壤，而且用汗水換來了家族的繁榮，現在地球上的每一個角落，都有蚯蚓大王的子孫。

身為父母要知道

真正健康、有活力的人，是和自己情緒感覺充分在一起的人，這類人不會擔心自己的情緒失控會影響到生活，因為，他們懂得駕馭、協調和管理自己的情緒，讓情緒為自己服務。

事實上，大多數人都有過困於情緒的經歷，就如同故事中的鱷魚一樣。似乎煩惱、壓抑、失落甚至痛苦總是接二連三地襲來，於是頻頻抱怨生活對自己不公平，期盼某一天歡樂從此降臨。其實喜怒哀樂是人之常情，想讓自己生活中不出現一點煩心之事幾乎是不可能的，關鍵是如何有效地調整控制

自己的情緒，做生活的主人，做情緒的主人。

其實調整控制情緒並沒有你想像的那麼難，只要掌握一些正確的方法，就可以很好地駕馭自己。在眾多調整情緒的方法中，你可以先學一下「情緒轉移法」。這種方法也可以施用在孩子身上，當孩子情緒低落的時候，你不妨挪來一用。

所謂「情緒轉移法」，就是暫時避開不良刺激，將注意力、精力和興趣投入到另一項活動中去，以此減輕不良情緒對自己的衝擊。

可以轉移的活動有很多，你最好根據自己的興趣愛好以及外界事物對你的吸引力來選擇，如同親朋好友喝茶聊天、下棋作畫。總之，將情緒轉移到這些事情上來，盡量避免遭受不良情緒的強烈撞擊，以減少心理創傷，也有利於情緒的及時穩定。

在引導孩子進行「情緒轉移」時，要尊重孩子選擇的方法，父母只需要好好配合即可，讓孩子及時將不良情緒轉移，有利於孩子保持一顆平和的心態。

身為孩子要懂得

駕馭好自己的情緒，增強自控能力，是取得成功的一個重要因素，也是成功人生的重要法則之一。

做情緒的主人

在一次暴雨之後，有一堵圍牆被雨沖倒了，一個窮人從倒了的牆裡挖出了一罈金子，他一夜暴富。這位窮人想讓自己變得更聰明一些，於是他就來

第十二章　掌控情緒—處變不驚的前提

到城裡，見到一個智者，就問道：「你能把你的智慧賣給我嗎？」

智者答道：「我的智慧很貴，一句話100兩銀子。」

那個窮人說：「只要能買到智慧，多少錢我都願意出！」

於是那個智者對他說道：「遇到困難不要急著處理，向前走三步，然後再向後退三步，往返三次，你就能得到智慧了。」

「智慧這麼簡單嗎？」窮人聽了將信將疑，生怕智者騙他的錢。

智者從他的眼中看出了他的心思，於是對他說：「你先回去吧，如果覺得我的智慧不值這些錢，那你就不要來了，如果覺得值，就回來給我送錢！」

當晚回家，在昏暗中，他發現妻子居然和另外一個人睡在床上，頓時怒從心生，拿起菜刀準備將那個人殺掉。突然，他想到白天買來的智慧，於是前進三步，後退三步，做了三次。突然間，那個與妻同眠的人驚醒過來，問道：「兒子，你在做什麼呢？三更半夜的！」

窮人聽出是自己的母親，心裡暗驚：「若不是白天我買來的智慧，今天就錯殺母親了！」

第二天，他天一亮就去將錢送給智者了。

身為父母要知道

許多人都懂得要做情緒的主人這個道理，但遇到具體問題就總是知難而退：「控制情緒實在是太難了」，言下之意就是：「我是無法控制情緒的。」別小看這些自我否定的話，這是一種嚴重的不良暗示，它真的可以毀滅你的意志，喪失戰勝自我的決心。最終它可能是釀成慘案的罪魁禍首。

故事中窮人在關鍵時刻想起了智者的話，用理智戰勝了憤怒，最終將一場慘禍化為無形。可見，情緒對一個人的影響何其大。

　　所以，我們應該理智地面對情緒。當你身處逆境，或因某事而一時血衝腦門時，請用開放性的語氣對自己堅定地說：「我一定能走出情緒的低谷，現在就讓我來試一試！」這樣你的自主性就會被啟動，沿著它走下去就是一番嶄新的天地，你會成為自己情緒的主人。

　　這是一種切實可行的辦法，因此，身為父母，也應該告訴你的孩子，使你的孩子也獲得益處。

身為孩子要懂得

　　人們在遇到不如意的事情時，常常會不分青紅皂白地大發雷霆，而很多悲劇，恰恰是因為人一時的衝動或者是魯莽所造成。相反，假使我們能夠保持冷靜的頭腦，待了解事情的真相後再做決定，那麼悲劇就有可能因此而得以避免。

不因別人的無禮而惱怒

　　年輕的洛克斐勒空閒的時間很少，所以他總是將一個可以收縮的運動器 —— 就是一種手拉的彈簧，可以開時掛在牆上用手拉扯的 —— 放在隨身的袋子裡。有一天，他到自己的一個分行裡去，這裡的人都不認識他。

　　洛克斐勒說要見經理。

　　有一個傲慢的職員見了這個衣著隨便的年輕人，便回答說：「經理很忙。」

　　洛克斐勒便說，等一等不要緊。當時等候室裡沒有別人，他看見牆上有一個適當的鉤子，洛克斐勒便把那運動器拿出來，很起勁地拉著。彈簧的聲

第十二章　掌控情緒—處變不驚的前提

音打擾了那個職員，於是他急忙跳起來，氣憤地瞪著他，衝著洛克斐勒大聲吼道：「喂，你以為這裡是什麼地方啊，健身房嗎？這裡不是健身房。趕快把東西收起來，否則就出去。懂了嗎？」

「好，那我就收起來吧。」洛克斐勒和顏悅色地回答著，把他的東西收了起來。5分鐘後，經理來了，很客氣地請他進去坐。

那個職員開始憂心了，他覺得他在這裡的前程肯定是斷送了。洛克斐勒臨走的時候，還客氣地和他點了點頭，而他則是一副不知所措的惶恐樣子。他覺得洛克斐勒肯定會懲罰自己，於是便忐忑不安地等待著處罰。

但是過了幾天，什麼事也沒有發生。又過了一星期，也沒有事。過了三個月之後，他忐忑不安的心才慢慢平靜下來。

身為父母要知道

面對他人的無禮、責難，採用一笑置之，常常能讓窘迫轉為輕鬆和自然，從而讓人的精神得以放鬆，人和人之間的緊張氣氛得以緩解，憤怒的情緒得以釋放，焦慮得以消除，從而擺脫困境，收穫平和。

洛克斐勒用一笑置之原諒了那個傲慢的職員，用自己樂觀開朗的性格，處理掉憤怒情緒。於人於己都是有利無害。

身為父母，我們在培養自己樂觀開朗性格的同時，也要培養孩子樂觀開朗的性格。讓孩子在現實生活中多一份豁達，多一份灑脫。對生活中一些雞毛蒜皮的小事，不要看得過重，更不要斤斤計較，耿耿於懷。要引導孩子用生活中那些美好的、閃光的東西來陶冶自己的情操，使自己感到生活很充實，對生活充滿信心。這樣，當孩子面對別人的無禮時，就不會惱羞成怒，不會率性而為。

身為孩子要懂得

面對他人對自己的傷害和無禮冒犯，我們要保持寬容和冷靜，這既是對別人的一種容忍，也是對自己的一種尊重。

衝動是對自己的懲罰

一頭驢和一頭牛關係十分好，牠們經常在一起玩耍，吃草。一天，牠們發現一個農夫的果園，果園裡有綠油油的青草，還有成熟的果子。於是牠們偷偷地進入果園，在裡面悠閒地吃著青草和樹上的果子。而園丁一點也沒有察覺。驢子吃飽之後，很想引吭高歌一曲，牛就對驢說：「親愛的朋友，看在上帝的分上，你就忍耐一下，等我們出了果園，你再唱歌吧！」

驢說：「我現在真的很想唱歌，作為朋友，你應當支持我才對！」

「可是，可是，要是你一唱歌的話，園丁就會發覺，我們就跑不掉了！」

驢覺得牛根本不能理解自己現在的心情，牠說：「天下再也沒有什麼比音樂和歌曲更優雅、更能感動人的了。可惜你對音樂一竅不通，我怎麼找了你做朋友呀？」

驢終於還是沒有接受牛的建議，開始高歌起來，牠一唱歌，園丁立刻發現了驢子和牛，就把牠們全部捉住了。

身為父母要知道

做事衝動，只會讓自己吃盡苦頭，就如同故事中的驢，因一時衝動，最終失去自由。曾經有這樣的說法：人之所以容易衝動，並不是因為脾氣有多麼急躁，而是因為其缺乏自信。也有人說，人一旦缺乏自信，就容易產生衝

221

第十二章　掌控情緒—處變不驚的前提

動情緒，這種衝動實際上是一種錯誤的自我保護方法，往往非但達不到保護自己的效果，最終還可能會吞下因衝動而釀成的苦果。

那麼，對於父母來說，如何幫助衝動型孩子緩解衝動情緒？可以按以下幾種方法試試。

1. 當你發現孩子的情緒突然變得焦躁、憤怒時，你應該在孩子表達出情緒前，及時讓孩子的情緒降溫。比如你可以對孩子這樣說：三分鐘以後再發怒，然後大聲喊出來。不要小看這三分鐘，這看似極短的時間可以幫助孩子恢復理智。

2. 當你發現孩子情緒即將失控的時候，趕緊讓孩子換一個環境，這樣孩子的注意力就會相應地轉移。千萬別讓孩子總是去想那些惹他生氣的人或事，這樣只會讓他更加生氣。另外，父母可以引導孩子做一些運動，讓衝動情緒得到宣洩。

3. 和孩子多溝通。讓孩子的情緒透過溝通及時發洩。

總之，父母要幫助孩子建立起自信。只有當孩子擁有了自信，才會有好的心態面對生活，缺乏自信帶來的衝動不能解決根本問題。切不可任由衝動而做出令自己後悔的事情。

身為孩子要懂得

生活中很多人都是這樣：一旦僥倖得逞，就盲目樂觀。不顧自己的真實處境，看不到自己面臨的潛在威脅，控制不住自己的情緒，任性妄為，結果引火燒身，給自己和朋友帶來不必要的麻煩。所以，你要學會控制自己的衝動。學會審時度勢，千萬別任意妄為。

踏踏實實做事，和和氣氣為人

一位失業了好幾個月的年輕人到一個海上油田鑽井隊求職，那個職位他很想得到。領班要求他在規定的時間內登上幾十公尺高的鑽井架，把一個包裝好的漂亮盒子送到最頂層的主管手裡。他拿著盒子快步登上高高的狹窄的舷梯，氣喘吁吁、滿頭是汗地從地上爬到頂層，把盒子交給主管。主管只在上面簽下自己的名字，就讓他送回去。他又跑下舷梯，把盒子交給領班，領班也同樣在上面簽下自己的名字，讓他再送給主管。

當他第三次把盒子遞給主管的時候，主管看著他，傲慢地說：「把盒子打開。」他撕開外面的包裝紙，打開盒子，裡面是兩個玻璃罐，一罐咖啡，一罐開水。他十分生氣地抬起頭，雙眼燃著怒火，瞪向主管。

主管又對他說：「把咖啡沖上。」年輕人再也忍不住了，「啪」的一下把盒子扔在地上：「我不要了！」說完他看看摔在地上的盒子，感到心裡痛快了許多，剛才的悶氣全釋放了出來。這時，主管站起身來，直視著他說：「剛才讓你做的這些，叫做承受極限訓練，因為我們在海上作業，隨時會遇到危險，就要求隊員一定要有極強的承受力。可惜，前面三次你都通過了，只差最後一點點，你沒有喝到自己沖的咖啡。現在，你可以走了。」

身為父母要知道

人的情緒和其它一切心理過程一樣，是受大腦皮層的調節和控制的，這就決定了人是能夠有意識地控制和調節自己情緒，故可以用理智駕馭情緒，做情緒的主人。

情緒是人與生俱來的心理反應，它由四種基本情緒構成：憤怒、恐懼、悲傷、快樂。其中，憤怒、恐懼、悲傷都是不良情緒，會對一個人產生致命

的影響。故事中，年輕人之所以失敗，緣於他發洩了自己的憤怒情緒。

因此，父母在關注孩子的情緒時，尤其要關注孩子的不良情緒，因為這直接給孩子帶來危害。當孩子表現出這三種消極情緒時，父母怎麼做？下面為大家一一講解。

1. 當孩子憤怒時

身為父母，堅持要求孩子用語言而不是用動作來表達憤怒。當孩子生氣時，鼓勵他大聲講出來，並盡可能說出原因。

2. 當孩子感到恐懼時

當孩子恐懼時，一個人若不知道害怕，就很容易遇到危險，但恐懼過多，也難以過正常的生活。讓孩子克服恐懼心理的關鍵在於，幫助他對引起恐懼的因素進行理智的思考，具體做法是：

充分理解孩子的恐懼，並以輕鬆的語調與孩子談論他害怕的事情。

與孩子討論他所懼怕的事情。如果孩子對現實生活中的事物（如地震、洪水、戰爭等）感到恐懼，父母可以針對這些事情與孩子進行討論，告訴他在這樣的事情發生時，有哪些措施可以保護自己和他人不受傷害。

如果孩子對幻想的東西產生恐懼，應明確告訴他這樣的東西是根本不存在的。

如果孩子在一段時間裡經常害怕，但又說不出為什麼，應耐心地傾聽孩子的談話，從中找到困擾他的原因。

3. 當孩子悲傷時

當孩子悲傷時，讓他好好地哭一場。此時，父母無須過多地干預，只要平靜地坐在孩子身邊，讓孩子感到你的體諒和支持。

關注孩子的情緒變化，正確引導孩子處理情緒，關係到孩子的人格健康。

身為孩子要懂得

一位哲學家說過：「不善於駕馭自己情緒的人總會有所失。」良好的情緒可以成為事業和生活的動力，而惡劣的情緒危機則不僅會對身心健康產生破壞作用，甚至會產生災難性的後果。

把自己當成思想的旁觀者

芬妮是一個脾氣暴躁，容易情緒激動的女孩，結果男友也難以忍受她的壞脾氣，和她分手了。

她向朋友詹森求救。詹森拿出兩個透明的刻度瓶，然後分別裝了一半刻度的清水，隨後又拿出了兩個塑膠袋。芬妮打開來，發現分別是白色和藍色的玻璃球。詹森說：「當妳生氣的時候，就把一顆藍色的玻璃球放到左邊的刻度瓶裡；當妳克制住自己的時候，就把一顆白色的玻璃球放到右邊的刻度瓶裡。最關鍵的是，現在，妳該學會控制自己的情緒。」

芬妮一直照著詹森的建議去做。後來兩個人把兩個瓶中的玻璃球都撈了出來。他們發現，那個放藍色玻璃球的水變成了藍色。原來，這些藍色玻璃球是詹森把水性藍色塗料染到白色玻璃球上做成的，這些玻璃球放到水中後，藍色染料溶解到水中，水就變成了藍色。詹森藉機對芬妮說：「妳看，原來的清水投入『壞脾氣』後，也被污染了。妳的言語舉止，是會感染別人的，就像玻璃球一樣。所以一定要控制好自己的言行。」

第十二章　掌控情緒—處變不驚的前提

當詹森再次造訪的時候，兩個人又驚喜地發現，那個放白色玻璃球的刻度瓶竟然溢出水來了。慢慢地，芬妮已學會把自己變成一個能控制情緒的人，生活也步入正軌。

身為父母要知道

憤怒就像是在喝酒，一旦你喝了第一杯，就會一杯接著一杯地喝下去，越喝越醉，憤怒就像酒癮一樣，讓易怒的人控制不住，一旦陷入憤怒的情緒裡就無法自拔。

在我們的日常生活中，由於會遇到種種矛盾、困難和不順心，會時常產生不良情緒。那麼，對如何化解抑鬱、悲傷、憤怒等損害健康的惡劣心理情緒，心理學家為天下所有父母和孩子推薦以下措施，助大家疏導內心的不良情緒。

1. 多運動

跑步、快走、游泳等運動是化解不良情緒的最有效方法之一。

2. 多晒太陽

著名精神病專家繆勒指出，陽光可改善抑鬱症病人的病情，多晒太陽能振奮精神。

3. 多吃香蕉

德國營養心理學家教授發現，香蕉含有一種能幫助人腦產生 5- 羥色氨酸等物質，食用可以減少不良激素的分泌，使人安寧、放鬆。

4. 觀賞花草

花草的顏色與氣味有調節人情緒的作用。

5. 聽輕音樂

音樂可促進大腦產生更多的內啡肽，幫助鎮靜安神，但要注意選擇。

6. 遊覽山水

青山綠水會將你置於美好的氛圍中，心情自然會好轉。

身為孩子要懂得

以怨報怨，怨永遠存在；以德報怨，怨自然會消失。面對他人的傷害，正確的做法是以德報怨，時刻提醒自己，讓傷害到這裡為止。

勿拿他人的過錯懲罰自己

古時候有一位婦人，特別喜歡為一些瑣碎的事情生氣。她也知道這樣不好，便去求一位高僧為自己談禪說道，開闊心胸。

高僧聽了她的講述，一言不發地把她領到一座禪房中，落鎖而去。

婦人本以為高僧會為自己講經說禪，講明道理，卻沒想到高僧如此愚弄自己，氣得跳腳大罵。罵了許久，高僧也不理會。婦人又開始哀求，高僧仍置若罔聞。

婦人終於沉默了。高僧來到門外，問她：「妳還生氣嗎？」

婦人說：「我只為我自己生氣，我怎麼會到這地方來受這份罪。」

「連自己都不原諒的人怎麼能心如止水？」高僧拂袖而去。

過了一會兒，高僧又問她：「還生氣嗎？」

「不生氣了。」婦人說。

「為什麼？」

第十二章　掌控情緒—處變不驚的前提

「氣也沒有辦法呀。」

「你的氣並未消逝，還壓在心裡，爆發後將會更加劇烈。」高僧又離開了。

高僧第三次來到門前時，婦人告訴他：「我不生氣了，因為不值得。」

「還知道值不值得，可見心中還有衡量，還是有氣根。」高僧笑道。

當高僧的身影迎著夕陽立在門外時，婦人問高僧：「大師，氣是什麼？」

高僧打開門鎖將手中的茶水傾灑於地。婦人視之良久，頓悟，叩謝而去。

身為父母要知道

有句俗語：「大事清楚，小事糊塗」。意思是對一些原則性問題要清楚，處理要準則，而對生活中無原則性的、不中聽、看不慣的錯事、小事，不能認真計較，更不要往心裡去，甚至對吃了虧該生氣的事，也一笑了之。這種「小事糊塗」的態度，對身心健康頗有裨益。生活中奉行「小事糊塗」是改變狹隘心胸的有效方法。

為人絕不能小肚雞腸，要有「宰相肚裡能撐船」的雅量。對人處事，多看他人長處優點，來彌補自己的不足，即使一時受到誤解，也莫以牙還牙。能忍為上，寬容為大。有了廣闊的胸懷，就會目光遠大。以事業為重，考慮的是人生有意義的大事，而不去斤斤計較非原則的小問題，這樣，即使面臨令人尷尬的事也不會雷霆震怒了。

當父母擁有了這種境界的時候，孩子自然能得到好的薰陶，成長為一個寬容大度之人。

身為孩子要懂得

生氣就是在拿別人的錯誤來懲罰自己。而行為上的不生氣並不是真的徹悟，當從思想上真正認為不值得生氣的時候，我們的心靈也獲得了真正的舒展和自由。

第十二章　掌控情緒─處變不驚的前提

第十三章
深情厚誼 —— 幸福人生的拐杖

好朋友是金，永遠燦爛；好朋友是緣，一世相牽。「人之相知，貴在知心，人生貴相知，重在遇知己。」有朋友相訴，是一種安慰；有朋友鼓勵，是一種動力；有朋友忠告，是一種關愛；有朋友思念，是一種幸福！

不以地位論交情

愛因斯坦為了科學研究，只保留了兩個愛好，一個是散步，一個就是拉小提琴。在小提琴悠揚的旋律中，愛因斯坦如癡如醉。

「先生，有一個音是不是拉得太高了？」說這話的是位園藝工，他每週一次來愛因斯坦家幫忙修剪草坪以及處理各種雜事。他長相粗鄙，一看就知道是個缺乏文化素養的勞動者，天知道他是怎麼通曉音樂的。

愛因斯坦這陣子也老覺得拉的小提琴走調。他聞聲停了下來，饒有興致地向園藝工討教。過了一個星期，又到了園藝工上門的時間，他如約向愛因

斯坦家走去，卻見愛因斯坦笑咪咪地恭候在門口了。「你再聽聽我拉的小提琴怎樣了。」愛因斯坦說完就操起了琴弓。

聽完演奏，園藝工又認真地提了些意見。愛因斯坦像個小學生似的邊點頭邊思考。

園藝工人突然意識到了什麼。

「愛因斯坦先生，我對音樂一知半解！你對拉小提琴如此喜歡，去請一位專家來指導不是更好嗎？」園藝工不好意思再當科學家的老師了。

「不，」愛因斯坦連連搖頭，「我找過他們，可他們總是誇獎我……」兩人就這樣成了朋友。有一次，美國總統打電話來，要拜會愛因斯坦先生。「我另有約會，請改日再來吧。」

愛因斯坦說的這個約會，其實就是那位園藝工人要來修剪草坪。

身為父母要知道

友情是人們與接觸較親密的朋友之間所存在的感情。是人們願意為朋友付出一些或全部自己所有的思想。友情通常情況下大於人情而小於親情。

友情，是一種很美妙的東西，可以讓你在失落的時候變得高興起來，可以讓你走出苦海，去迎接新的人生。它就像一種你無法說出，又可以感到快樂無比的東西。

愛因斯坦因為擁有園藝工人這位朋友，所以才能感受到拉小提琴的樂趣。由此也可以看出，真正的友情不依靠事業、禍福和身分；不依靠經歷、地位和處境。他在本質上拒絕功利，拒絕歸屬，拒絕契約。他是獨立人格之間的互相呼應和確認，他使人們獨而不孤，互相解讀自己存在的意義。

身為父母，我們要牢記，勢利的來往只能稱之為交情，而絕非友情。真

正的友情往往能讓彼此更加溫暖，更加自在。

同時，我們在教育孩子同他人交往時，要告誡孩子，交友要擇品行高尚者而交。如此，才能收穫真正的友情。

身為孩子要懂得

想要建立真正的友誼，就一定要敞開心扉，擺脫世俗的偏見，絕不能有高低貴賤的想法在心中。以平等、真誠的心待人，才能讓心與心連在一起。

想獲得友誼，須與人為善

早上，經理辦公室的電話響了。一位憤怒的客戶在電話那頭抱怨經理運去的一車木材完全不符合他們的要求。在木材卸下後，他們的木材檢驗員檢驗後報告：55%的木材不合規格。在這種情況下，他們拒絕接受。

掛了電話，經理立刻去對方的工廠。在途中，他一直在思考解決問題的最佳辦法。一般情況下，經理會以他的工作經驗和知識來說服檢驗員。然而，經理覺得自己還可以找到其他辦法來解決這個問題。

到了工廠，經理見購料主任和檢驗員正悶悶不樂，一副就要起爭論的姿態。經理走到卸貨的卡車前面，要他們繼續卸貨，並請檢驗員繼續把不合格的木料挑出來，把合格的放到另一堆。

看了一會，經理才知道他們的檢查太嚴格了，而且把檢驗規格也搞錯了。那批木材是白松。經理明白那位檢驗員對硬木的知識很豐富，但檢驗白松卻不夠格，經驗也不夠，而白松碰巧是經理最內行的。他能以此來指責對方檢驗員評定白松等級的方式嗎？不，絕對不能！經理繼續觀看著，慢

第十三章　深情厚誼—幸福人生的拐杖

慢地開始問檢驗員某些木料不合格的理由是什麼，而一點也沒有暗示他檢查錯了。他只是向檢驗員強調一點：只希望以後送貨時，能確實滿足他們公司的要求。

經理發現：以一種非常友好而合作的語氣請教，並且堅持把對方不滿意的部分挑出來，他們感到高興。於是，劍拔弩張的氣氛消散了。接著，經理小心地提問幾句，讓檢驗員自己覺得有些不能接受的木料可能是合格的，但是，經理非常小心，不讓檢驗員認為是有意為難他。

檢驗員的整個態度漸漸地改變了。他最後向經理承認，他對白松木的經驗不多，而且問經理有關白松木板的問題。經理開始就對他解釋為什麼那些白松木板都是合格的，但仍然堅持：如果他們認為不合格，不會讓他們收下。檢驗員開始覺得，每挑出一塊不合格的木材就有一種罪惡感。最後檢驗員明白了，錯誤在於自己沒有指明所需要的是什麼等級的木材。

當天晚上，等經理回到自己的辦公室以後，就收到了對方寄來的一張全額支票。

身為父母要知道

收穫友誼其實很簡單，只要你用一顆寬容之心，溫和之意，隨和之舉，就能破解人與人之間那層堅冰。

經理透過態度的轉變，讓檢驗員感受到了經理的用心，最終兩人之間的衝突消失於無形。一對先前還劍拔弩張，相互鬥氣的人最終成了朋友。

可見，與人為善便能收穫友情。

讓孩子從小養成一個與人為善的心，將收穫比財富、地位更為重要的東西，那就是友情。

身為孩子要懂得

與人交往時，要想獲得他人的好感，你必須真心地向對方展示一副友好的笑容，這樣才能得到別人的感情，引起心靈上的共鳴。如果總是想著以一種高高在上的姿態征服別人，這樣只會激起別人的好勝心，和你鬥爭到底，最後弄得兩敗俱傷，誰也得不到好處。

和睦相處，收穫幸福

三個雲遊四方的和尚在山上一座破廟裡相遇。「這廟為什麼荒廢了？」不知是誰提出了問題。

「必是和尚不虔，所以菩薩不靈。」

「必是和尚不勤，所以廟太不修。」

「必是和尚不敬，所以香客不多。」

三人爭執不下，最後決定留下來各盡所能，看看誰能重振廟宇。

於是第一個和尚禮佛念經，第二個和尚整理廟務，第三個和尚化緣講經。沒多久，這座破廟香火漸盛，原來的廟宇也恢復了舊觀。

「都因我禮佛虔心，所以菩薩顯靈。」

「都因我勤加管理，所以廟務周全。」

「都因我四處化緣，所以香客眾多。」

三人日夜爭執不休，誰也不願理廟宇的事務了，於是剛興盛不久的廟宇又衰敗了。

這時，三個和尚終於明白了破廟原先荒廢就是因為和尚不和睦。

第十三章　深情厚誼─幸福人生的拐杖

身為父母要知道

人與人之間最重要的是和諧相處。人與人之間的友誼是一種相互吸引的感情，相容而不排斥，並且是可遇不可求的。人的生活離不開友誼，要想讓自己的人生順利、輝煌，讓自己的事業發達興旺，相互之間和諧相處是必不可少的。

因此，父母在和他人維繫關係的同時，也要教育孩子和他人和睦相處。

獨生子女在家，父母總是寵著慣著孩子，以至於讓孩子無形中習慣了以自我為中心。凡事要別人遷就，讓著他。可這個社會需要交往，孩子在外頭如果都以自我為中心，那麼，很可能會因為一些小事而發出衝突，這是不利孩子和他人建立友誼的。

那麼，父母應該怎樣教育孩子和他人和睦相處呢？

首先，要培養孩子的獨立意識和自信心。

當孩子和他人發生爭執後，父母不要急於插手，如果爭執不嚴重，就讓他自己處理，從而培養孩子的獨立意識和自信心，避免對父母的過度依賴。

其次，培養孩子寬容大度的心胸。

父母要教導孩子學會原諒別人，不能一直抓住對方的錯誤不放，更不能一報還一報。要學會講道理，絕不能使用武力解決。

再次，給孩子提供和他人和睦相處的機會。

父母可以在家舉行一些小型的派對活動，邀請別的孩子來家裡。由於你的孩子是在自己家裡，他會具有更多的社交自信，自然能和他人和睦相處，建立友誼關係。

一般來說，專家認為孩子不需要許多的夥伴。如果你的孩子有一至兩個非常要好的朋友，他在社交方面已經很足夠了。幫助孩子加深與這些孩子的

友誼，比要求孩子與班上最有人緣的同學結成友誼更為值得。

身為孩子要懂得

人與人之間的關係不是隨意產生的，而是在和諧環境中產生與發展的。一個人只有學會與他人和睦相處，才有可能收穫友情。

攜手才能並肩前行

探險家和朋友正穿越喜馬拉雅山脈的某個山口。在跟一場暴風雪搏鬥了將近三個小時之後，他們精疲力竭，又冷又餓，真想坐下來喘一口氣。可一旦坐下去，他們很可能會變成兩根冰棍，再也別想站起來了。他們只希望在最後一絲體力用盡之前能找到有人居住的地方。

忽然，他們看見雪地上躺著一個人昏迷不醒，半個身子已被雪掩埋。探險家頓生惻隱之心，蹲下一看，人還活著，只是被凍暈了。如果將他帶到溫暖一點的地方也許有救。探險家跟朋友商量，是否帶走這個倒楣的傢伙？朋友驚叫起來：「別做傻事，我們自身都難保，帶上一個累贅，我們都會喪命的。」

朋友的話確有道理，探險家不禁猶豫起來，可這樣見死不救，對探險家來說是良心難安的。他叫朋友將此人扶在他背上，朋友冷冷地說：「既然你執意要救他，那麼好吧，這是你的事，跟我無關！」說完，朋友獨自走了。

探險家費了很大的勁，才把這個昏迷的人抱起來，放在自己背上，一步一步地往前走。這個人很重，儘管是在冰天雪地裡，走不多久，探險家已渾身發熱。他的體溫使背上那個凍僵的軀體溫暖起來，那人活過來了。沒過多

第十三章　深情厚誼—幸福人生的拐杖

久，兩人便並肩前進了。

當他們走到另一個山口時，探險家發現了他那位獨自離去的朋友 —— 倒在雪地上被凍死了。

身為父母要知道

攜手才能並肩前行。隨意丟棄友情，最終可能連自己的性命一併丟掉，如同故事中獨自離開的朋友。

真正的朋友絕不是危難時刻的獨自離去，而是並肩攜手共同應對難關。這是一種精神，更是做人的一種內在品行。

父母應該培養孩子這種內在品格，那麼，怎樣讓孩子擁有這種內在品格呢？以下幾種方法，父母可以參考一下。

1. 培養孩子活潑、開朗的性格。

活潑、開朗不難做到，讓孩子盡情地表現自己的情緒，不要壓抑自己的喜、怒、哀、樂。鼓勵他每天和周圍鄰居家的孩子玩耍、遊戲。每天快樂地面對孩子，讓大人的情緒感染孩子，讓他成為一個快樂的人、一個受人歡迎的人。如果孩子天生性格內向，要盡量鍛鍊孩子多講話，善於和別人交流。內向隨和的孩子同樣可以受到其他孩子的歡迎。

2. 培養孩子優良的品格。

在人際交往中有些個人特質很重要，比如：正直、誠實、寬容、熱情、大度、善良、真誠等等。教會孩子學會微笑，對別人的事情和問題感興趣，願意幫助別人，能與別人一起分享感受，和同伴之間以誠相待。

3. 讓孩子主動交朋友。

讓孩子主動和別人交朋友。在孩子小的時候，父母可以鼓勵孩子主動和別人打招呼，看見鄰居家的叔叔、阿姨、哥哥、姐姐，讓孩子主動問好。在街上看到行動不便的老人、孕婦或者小朋友，以及其他一些需要幫助的人，如果孩子力所能及，就讓孩子主動去幫助他們，使孩子體會助人為樂的感受，知道幫助人可以得到別人的好感和謝意。

到一個陌生的環境要鼓勵孩子主動尋找玩耍的夥伴，比如，帶孩子去娛樂場所或孩子集中的地方，讓孩子主動和周圍的孩子合作，一起遊戲，結伴參加活動。

4. 讓孩子學會讚揚別人。

每個人都希望受到讚美。在與別人相處的時候，讓孩子學會讚美別人。首先讓孩子想一想，當別人讚揚他的時候感覺怎樣，孩子肯定說：「很受鼓舞，感覺好極了。」那麼，就讓孩子以同樣的心態去讚揚別人，讚揚應該讚美的人和事。父母在表揚孩子的同時也接受孩子的讚揚。

相信只要你能做到以上幾點，你的孩子一定會擁有好人緣，一定能收穫友誼。

身為孩子要懂得

友誼是生活的美化者，社會關係的鞏固者。人的友誼是建立在相互幫助的基礎上的，並在此基礎上得到昇華的。而最牢固的友誼往往在相互共患難中鑄造，這就如生鐵只有在熊熊烈火中才能錘煉成鋼一樣。

第十三章　深情厚誼—幸福人生的拐杖

士為知己者死

越南戰爭期間，一個村莊受到了美軍戰機的襲擊。

幾發迫擊炮彈突然落在村莊的一所由傳教士創辦的孤兒院裡。傳教士和兩名兒童當場被炸死，還有幾名兒童受傷，其中有一個小女孩受了重傷。

村裡人立刻向附近的小鎮要求緊急醫護救援，外籍醫生和護士帶著救護用品趕到。經過查看，小女孩如果不立刻搶救，就會因為休克和失血過多而死去。

輸血迫在眉睫，但得有一個與她血型相同的捐血者。經過迅速驗血顯示，幾名未受傷的孤兒可以輸血給她。

外籍醫生詢問是否有人願意捐血，卻只得到一陣沉默。每個人都睜大了雙眼迷惑而又驚恐地望著他們。

過了一會，一隻小手終於緩慢而顫抖地舉了起來。

「噢，謝謝你。」醫生十分感謝這個勇敢站出來的小男孩。

小男孩很快躺在草墊上。他的手臂被酒精擦拭以後，一根針刺進他的血管中。輸血過程中，他一動不動，一句話也不說。過了一會，他忽然抽泣了一下，全身顫抖，並迅速用一隻手摀住了臉。

「痛嗎？」醫生問道。

小男孩搖搖頭，但一會兒，他又開始嗚咽，並再一次試圖用手掩蓋他的痛苦。外籍醫生問他是不是針頭刺痛了他，他又搖了搖頭。

就在此刻，一名越南護士趕來援助。她看見小男孩痛苦的樣子，用極快的越語向他詢問，聽完他的回答，護士用輕柔的聲音安慰他。頃刻之後，他停止了哭泣，一種輕鬆的表情立刻浮現在他的臉上。

越南護士輕聲對兩位外籍醫生說：「他誤會自己就要死了，認為你們讓他把所有的鮮血都給那個小女孩，以便讓她活下來。」

「但是他為什麼願意這樣做呢？」外籍醫生奇怪地問。

越南護士轉身問小男孩：「你為什麼願意這樣做呢？」

小男孩回答：「因為她是我的朋友。」

身為父母要知道

有一句俗語叫：「士為知己者死」。故事中的小男孩，為了朋友，他甘願奉獻自己的生命。這是一種值得我們為之欽佩，為之感嘆，更是值得我們學習的行為。

父母在教育孩子時，也要培養孩子樂於奉獻的精神，因為樂於奉獻同樣能為你贏得友情。那麼，父母具體該怎樣做呢？

首先，父母要讓孩子養成自己的事情自己做，決定的事情堅持做的習慣。

讓孩子為自己提出一個吃苦的計畫，比如練習長跑，以培養孩子的耐力；做自己喜歡做的事（練習書法、學習樂器等），必須要做到堅持不懈，以培養孩子的毅力。

其次，幫孩子樹立主人公精神。

讓孩子把自己當家庭的主人，在學校時當成班級的主人，讓自己的努力可以為家庭為班級增光。不要做袖手旁觀的局外人。給孩子們灌輸一個信念 —— 努力付出才會得到收穫。

再次，教導孩子在社會上要有愛心，要多做好事。讓孩子明白幫助別人快樂自己的道理，甘願為他人做貢獻。

第十三章　深情厚誼—幸福人生的拐杖

身為孩子要懂得

朋友是你一生的財富。你可以貧窮，但是你不能沒有朋友。真正的友情是我們寶貴的財富，擁有真誠友誼的人，比百萬富翁或億萬富翁更富有 —— 即使更多的金錢也不能改變這一事實。

友誼就是不拋棄，不放棄

小男孩和小女孩是一對好朋友。後來，小男孩因為輸血感染上了愛滋病，同伴們都遠離了他，只有小女孩還依然陪伴在他的身邊。

一個偶然的機會，女孩在雜誌上看見一則消息，說加州的醫生找到了能治愛滋病的植物，這讓她興奮不已。於是她帶著男孩踏上了去加州的路。

為了省錢，他們晚上就睡在隨身帶的帳篷裡，男孩的咳嗽多了起來，帶來的藥也快吃完了。這夜，男孩冷得直發抖，他用微弱的聲音告訴女孩，他夢見 200 億年前的宇宙了，星星的光是那麼暗，他一個人待在那裡，找不到歸途。

女孩把自己的鞋塞到男孩的手上：「以後睡覺，就抱著我的鞋，想想我的鞋子還在你手上，那麼我肯定就在附近。」

孩子們身上的錢差不多用完了，可離加州的路還很遠。男孩的身體越來越弱，女孩不得不放棄了計畫，帶著他又回到了家鄉。女孩依舊常常去病房看男孩，他們有時還會玩裝死遊戲嚇醫生和護士。

春天到了，陽光照著男孩瘦弱蒼白的臉，女孩問他想不想再玩裝死的遊戲，男孩點點頭。然而這回，男孩卻沒有在醫生為他把脈時忽然睜開眼笑起來 —— 他真的死了。女孩抱著男孩的屍體抽泣說：「我很難過沒能找到治他

病的藥。」男孩的媽媽站在旁邊淚如泉湧：「不，你找到了。妳給了他一隻鞋，他一直為有妳這個朋友而滿足。」

身為父母要知道

友誼是內心永不熄滅的信念，因為那份友誼，男孩微笑著迎接死亡。對生命，男孩從沒有輕言放棄；對男孩，女孩從沒有輕言拋棄。不拋棄，不放棄演繹了一段淒美的生命絕唱。

是的，對朋友，不要輕言拋棄，輕言放棄。不拋棄，不放棄才能迎來奇蹟。

不拋棄，不放棄是一種精神，做人擁有了這種精神，便擁有了鋼鐵的意志。

對朋友做到不拋棄，不放棄，收穫的必定是蕩氣迴腸的友誼。

對孩子做到不拋棄，不放棄，收穫的必定是響徹寰宇的愛之絕唱。

身為孩子要懂得

友情最神奇的地方是它可以醫治受傷者的心靈，能給孤獨者以安慰，給瀕臨絕望的人帶去希望。幸福的時候離不開友情的滋潤，患難的時刻尤其需要友情的呵護。共享苦難，能使友誼增加光輝；分享友誼，能使失敗的損失降低到最小程度。

有一種友情叫以命相交

一位母親給兒子講了一個故事：

第十三章　深情厚誼—幸福人生的拐杖

年輕的父親和好朋友都是建築工人，他們正在尚未竣工的大樓外面的護欄上工作，護欄離地面有幾十公尺高。突然，他們站立的木板斷裂了。一剎那，兩個人同時從幾十公尺的高空落下。他們都認為自己完了。

幸運的是，一個防護桿拯救了他們。但兩個人實在太重了，脆弱的防護桿只能承受一個人的重量，他們中間必須有一個人放開手，然而求生的本能讓他們都緊緊地抓住了防護桿。時間一點點過去，防護桿吱吱地作響，眼看著就要斷了。

這時，年輕的父親含著眼淚對好朋友說：「我還有孩子！」

未婚的好朋友聽了，靜靜地說了一句：「那好吧！」然後就鬆開了手，像一片樹葉一樣落向了水泥地面，把生的希望留給了年輕的父親……

「媽媽，我希望有這樣的事情，但它只是個故事。」兒子不以為然地說。

「孩子，那個得救的人就是你的爸爸，而他所說的孩子就是你。」母親眼裡含著淚水。空氣頓時凝固了，兒子望著母親，顫抖地說：「叔叔一定是空中飄著的最美麗的樹葉，是嗎？媽媽。」

「是的，那片美麗的樹葉現在一定飛上了天堂。」母親默默閉上了眼睛，一滴淚水悄然滑落臉龐。

身為父母要知道

鬆手只是一個微小的舉動，可毅然決然放棄生命，則是心靈的偉大之舉。在他鬆手的瞬間，一段以命相交的友誼得以延續。

人一生為朋友去死是一件很容易的事，但是擁有值得為之去死的朋友卻很難。在我們為故事中的偉大友情感嘆的時候，身為父母，是否也曾想過，你也有值得為之去死的朋友？

友情這個詞其實並沒有什麼程度之分，但交情卻存在深淺。當我們用真心去結交朋友時，我們也能獲得朋友的真心回報。當我們僅僅是懷著利用人的心理去結交「朋友」時，其實，我們自己也正在被人利用。

因此，為了能獲得一份真正的友誼，用你的真心待人吧！你在這樣做的同時，也請這樣要求你的孩子，因為，唯有待人以真心，才能獲得別人的真心相待。

身為孩子要懂得

真正的朋友不會將友誼掛在嘴上，他們並不是為了友誼而相互要求點什麼，而是彼此為對方做一切辦得到的事。一心想著為對方盡一點綿薄之力，讓別人能從自己的放棄中尋找到人生的希望，這是友誼的基本要求。

友情需要經營

威爾與舊友的交情淡了下來。本來大家來往密切，卻為一樁誤會而心存芥蒂，由於自尊心作祟，威爾始終沒有打電話給他。

多年來，威爾目睹過不少友誼褪色，大都出於誤會，或者志趣各異，還有一些是因為關山阻隔。隨著人的逐漸成長，這顯然是無可避免的。

常言道：你把舊衣服扔掉，把舊家具丟掉，也與舊朋友疏遠。話雖如此，威爾認為這段友誼似乎不應該就此不了了之的。

有一天，威爾去看望另外一個老朋友，他是牧師，長期為人們解決疑難問題。他們坐在他那間總有上千本藏書的書房裡，海闊天空地從小型電腦談到貝多芬飽受折磨的一生。

第十三章　深情厚誼─幸福人生的拐杖

最後，他們談到友誼，談到今天的友誼看來多麼脆弱。

「人與人之間的關係非常奧妙，」他說，兩眼凝視窗外青蔥的山嶺，「有些歷久不衰，有些緣盡而散。

他指著臨近的農場慢慢地說道：「那裡本來是個大穀倉，就在那座紅色木框的房子旁邊，是一座原本相當大的建築物的地基。」

「那座建築物本來很堅固，大概是1870年建造的。但是像這一帶的其他地方一樣，人們都去了中西部，這裡就荒蕪了。沒有人定期整理穀倉。屋頂要修補，雨水沿著屋簷而下，滴進柱和梁內。

「有一天，刮起了大風，整座穀倉都被吹得顫動起來。開始時嘎嘎作響，像一艘舊帆船的船骨似的，然後是一陣爆裂的聲音，最後是一聲震天的轟隆巨響，刹那間，它變成了一堆廢墟。

「風暴過後，我走下去一看，那些美麗的舊橡木仍然非常結實。我問那裡的主人是怎麼一回事。他說大概是雨水滲進連接榫頭的木釘孔裡，木釘腐爛了，就無法把巨梁連起來。」

他們凝視山下。穀倉只剩下原是地窖的洞和圍著它的紫丁香花叢。

威爾的朋友說他老是想著這件事，終於悟出了一個道理：不論你多麼堅強，多有成就，仍然要靠你和別人的關係，才能夠保持你的重要性。

「要有健全的生命，既能為別人服務，又能發揮你的潛力，」他說，「就要牢記，無論多大力量，都要靠與別人互相扶持，才能持久。自行其道只會倒下來。」

「友情是需要照顧的」他又說，「像穀倉的屋頂一樣。想寫而沒有寫的信，想說而沒有說的感謝，背棄別人的信任，沒有和解的爭執，這些都像是滲進木釘裡的雨水，削弱了木梁之間的聯繫。」

威爾的朋友搖搖頭不無深情地說：「這本來是座好好的穀倉，只需花很少功夫就能修好。現在也許永不會重建了。」

黃昏的時候，威爾準備告辭。

「你不想借用我的電話嗎？」他問。

「我想要打個電話給一個老朋友。」威爾望著朋友回答。「我可不想讓時間削弱了我們之間的友情。」

「去吧，順便替我問候一聲。」他說。

「沒問題，不過你為何不自己親自跟他說呢？」威爾笑了笑。

兩人相視一笑，一起走到了電話旁……

身為父母要知道

時間能沖淡一切，即便是最牢固的友誼。如果我們不用心經營，友情的田地裡照樣會雜草叢生。因此，像經營你的人生一樣去經營你的友情吧。

首先，樹立起自信。

你可以透過心理暗示，聽聽那種增強自信的音樂，做一些有難度又不要太難，經過努力能成功的事，以此來增強自己的自信。這很重要！

其次，要相信你結交的朋友。

友誼就是建立在相互信任的基礎之上的。也許，有的人是有壞心眼，但你自己一定要真誠！你要相信多一些付出就會多一些回報！沒有交友的機會就自己去創造交友的機會，有了一個朋友就好好經營這段友誼。

再次，多多聯繫。

時間確實可以算作一種催化劑，友誼似乎會被它淡化，但，當你與你的朋友再次坐下、進行交流時，你會發現淡化的友誼在瞬間又恢復如初了。多

第十三章　深情厚誼—幸福人生的拐杖

多聯繫，友情這杯酒只會越釀越濃。

　　身為父母，你也可以讓孩子和你一起學。因為這幾招不僅適合你，同樣適合你的孩子。

身為孩子要懂得

　　友誼就像一顆種子，必須經過雙方精心的培育，才能開花結果。在一切還來得及的時候，勇敢去做吧！別等到了荒蕪一片，才想起雜草從中那粒遺忘已久的友情的種子。

第十四章
善念仁愛 —— 世間無價的寶石

如果你是一個只懂得享受幸福、接受幸福的人，那麼你一定沒有領悟到幸福的真正含義；如果你是一個把自己的幸福建立在別人痛苦之上的人，那麼幸福將永遠拋棄你。相反，如果你是一個懂得給予別人愛和幸福的人，那麼，你一定會得到世上最多的愛和回報。

及時傳達你的掌聲

杜斯妥也夫斯基二十多歲時寫了一部中篇小說《窮人》，工程系出身的他怯怯地把稿子投給《祖國年鑑》。

編輯格利羅維奇和尼卡索夫傍晚時分開始看這篇稿子，他們看了十多頁後，打算再看十多頁。然後又打算再看十多頁。一個人讀累了，另一個人接著讀，就這樣一直到晨光微露。他們再也無法抑制住激動的心情，顧不得休息，找到杜斯妥也夫斯基的住所，撲過去緊緊把他抱住，眼淚不禁流了下

第十四章　善念仁愛─世間無價的寶石

來。尼卡索夫性格孤僻內向，此刻也無法掩飾自己的感情。他們告訴這個年輕人，這部作品是那麼出色，讓他不要放棄文學創作。之後，涅克拉索夫和格利羅維奇又把《窮人》拿給著名文藝評論家別林斯基看，並叫喊著：「新的果戈理出現了。」別林斯基開始不以為然：「你以為果戈理會像蘑菇一樣長得那麼快呀！」但他讀完以後也激動得語無倫次，瞪著陌生的年輕人說：「你寫的是什麼，你了解自己嗎？」平靜下來以後，他對杜斯妥也夫斯基說：「你會成為一個偉大的作家。」

杜斯妥也夫斯基作出了反應：「我一定要無愧於這種讚揚，多麼好的人！多麼好的人！這是些了不起的人，我要勤奮，努力成為像他們那樣高尚而有才華的人！」後來，杜斯妥也夫斯基寫出了大量優秀的小說，成為俄國 19 世紀著名作家，被西方現代派奉為鼻祖。

身為父母要知道

一個人只要用健康的心態來看待別人，就會發現，周圍的人都有值得學習和借鑑的長處。

把掌聲送給別人，不是刻意抬高別人，更不是吹牛拍馬，而是恰到好處地對別人進行肯定。就像格利羅維奇將掌聲及時送給杜斯妥也夫斯基。反之，一個人如果沒有一顆平常心，就無法正確地看待別人的成績。

為別人喝彩，是一種人格修養，因為讚賞別人的過程，就是自己矯正狹隘自私和嫉妒心理，進而培養大家風範的過程。為別人鼓掌，也是在替自己的生命加油。為別人鼓掌，也會獲得別人的喝彩；相互鼓掌，才能相互進步，這是生存的需求。

我們要養成及時將掌聲傳達給他人的習慣，同時，也要教育孩子，該鼓

掌時，及時鼓掌，別吝嗇自己的掌聲。因為，掌聲能為你贏得尊重。

身為孩子要懂得

及時傳達你的掌聲，把掌聲送給別人，是對別人的閃光點進行肯定。相反，如果沒有健康的心態，就不能正確地看待別人的能力。善於為別人鼓掌，是一種智慧。

愛心不該有偏見

某一個雨天的下午，有位老婦人走進一家百貨公司，漫無目的地在公司內閒逛，很顯然是不打算買東西。大多數的售貨員只對她瞧上一眼，然後就自顧自地忙著整理貨架上的商品，以避免這位老太太去麻煩他們。

其中一個年輕的男店員看到了她，立刻主動地跟她打招呼，很有禮貌地問她，是否有需要他服務的地方。這位老太太對他說，她只是進來躲雨罷了，並不打算買任何東西。這個年輕人安慰她說，即使如此，她仍然可以受招待。並且他還主動和她聊天，以表示他確實歡迎她。當她離去時，這個年輕人還陪她走到街上，替她把傘撐開。這位老太太向這個年輕人要了一張名片，然後離開了。

後來，這位年輕人完全忘了這件事情。但是，有一天，他突然被公司老闆召到辦公室去，老闆向他出示一封信，是位老太太寫來的。這位老太太要求這家百貨公司派一名銷售員前往蘇格蘭，代表該公司接下裝潢一所豪華住宅的工作。

這位老太太就是美國鋼鐵大王卡內基的母親，就是這個年輕店員在幾個

第十四章　善念仁愛—世間無價的寶石

月前很有禮貌地送到街上的那位老太太。

身為父母要知道

愛心不該有偏見，這是我們為人的基本素養。不能因為對方年老體衰，衣著樸素就門縫裡看人。有一句俗話：人不可貌相，海水不可斗量。如果你以貌論人，最終承受苦果的將是你自己。

年輕人因為心懷愛心，對老人就像對自己親人一樣，並沒有帶著世俗的眼光去看待老人，最終給自己贏來了機會。

愛心是人內在的特質，偽裝出來的愛心最多只能稱之為虛偽的熱情。你可以學年輕人的做法，但如果你不從內在提升自我素養，你終究會「本性難移」，在你經歷這樣的事情次數多了後，仍然會露出原來的面目，唯有讓關愛他人成為發自內心的行為，你才有可能做到不以貌取人。

以貌取人是一種很勢利的小人行為。在教育孩子時，務必要告誡孩子，愛心不應該存有偏見。

身為孩子要懂得

心中要常懷善念，主動去幫助那些需要幫助的人。或許我們一個小小的舉動，就會令別人的心靈感到莫大的溫暖。做為回報，好運也許會主動找上門來。

善念不是一種學問，而是一種行動

在許多年以前，地球上發生了一場空前的旱災。幾乎全部有水的地方都

乾涸了，草木森林也乾枯了，還有許多動物和人等生靈都焦渴而死。

　　一天夜裡，一個小女孩拿著水罐走出家門，為她生病的母親去找水。小女孩哪兒也找不到水，累得倒在草地上睡著了。當她醒來的時候，罐子裡竟裝滿了清亮新鮮的水。小女孩喜出望外，趕緊抱著水罐跑回家去。她沒有注意到腳底下有一隻貓，一下子絆倒在牠身上。水罐也掉在了地上，小貓尖叫起來。小女孩趕緊去撿水罐。

　　罐子端端正正地在地上放著，罐子裡的水還是滿滿的。小女孩給小貓一點水，再拿水罐時，木頭做的水罐竟變成了銀的。小女孩把水罐帶回家，交給了母親，母親說：「我反正就要死了，還是妳自己喝吧。」又把水罐遞給小女孩。就在這一瞬間，水罐又從銀的變成了金的。這時突然從門外走進來一個過路人，要討水喝。小女孩咽了咽唾沫，把水罐遞給了這個過路人。這時，突然從水罐裡跳出了七顆很大的鑽石，接著從裡面湧出了一股巨大的清澈而新鮮的水流。

　　而那七顆鑽石越升越高，升到了天上，變成了七顆星星，組成了星座。

身為父母要知道

　　一個人的「行為」是由「意念」支配的，假如將人的行為比喻成車輛的行進軌跡，那麼「意念」便是車輛的方向盤。

　　「善念」結「善果」，而「不善或者邪惡之念」只會結出「惡之花」。古人云：「一念之差，滿盤皆輸。」

　　在現實生活中，更多的人並非心懷邪惡之念者，而是一些缺乏「善念」的人。他們遵循「事不關己，高高掛起」的處事「哲學」，謹記「多一事不如少一事」的人生「教訓」，所以，內心未能生出「一念之善」。

第十四章　善念仁愛—世間無價的寶石

　　而一個善待別人的人，一個心存「善念」的人，他會超脫世俗的功利之情，獲得一種難以言喻的大幸福！這是給予之福。就好像陽光，它從遙遠的天邊長途跋涉，不畏艱辛，就是為了給人類以生命和幸福，於是它也感到了幸福。

　　故事中的小女孩，因為擁有一顆仁愛之心，所以得到了上天的眷顧。

　　身為父母，我們應該向故事中的母親學習，學習其為了孩子甘願放棄生命的偉大母愛。同時，也應該告訴孩子，讓孩子明白：善念不是一種什麼高深的學問，而是一種實實在在的播散愛心的行為。

身為孩子要懂得

　　「一念之善」對每個人來說都不算什麼，但彙集起來它就是一個「海」，一個超凡脫俗、可以擺渡眾生的生命大海。心懷善念的人，其行為都將穿越時空流傳千古，給人以溫暖，帶給人心靈的震顫。

愛是生命中最好的養料

　　一個小男孩認為自己是世界上最不幸的孩子，因為小兒麻痺症給他留下了瘸腿和參差不齊的牙齒。

　　在一個平常的春天，小男孩的父親從鄰居家要了些樹苗，叫孩子們每人栽培一棵。父親對孩子們說，誰種的樹苗長得最好，就給誰買一件他最喜歡的禮物，小男孩也想得到父親的禮物。但看到兄妹們蹦蹦跳跳提水澆樹的身影，心中卻萌生出一種陰冷的想法：希望自己負責的那棵樹早日死去。因此，澆過一兩次水後就再也沒去搭理它。

幾天後，小男孩再去看他種的那棵樹時，驚奇地發現它不僅沒有枯萎，而且與兄妹們種的樹相比，顯得更嫩綠，更有生氣。父親兌現了他的諾言，為小男孩買了一件他最喜愛的禮物，並對他說，從他植樹來看，他長大後一定能成為一個出色的植物學家。

從那以後，小男孩慢慢變得樂觀起來。

一天晚上，小男孩躺在床上睡不著，忽然想去看看自己種的那棵小樹。當他輕手輕腳來到院子裡時，卻看見父親用勺子在向自己栽種的那棵小樹下潑灑著什麼。頓時，他明白了一切，原來父親一直在偷偷為自己栽種的那棵小樹施肥。他返回房間，任憑淚水肆意地流淌……

幾十年過去了，那瘸腿的小男孩儘管沒有成為一個植物學家，但他卻成了美國總統，他的名字叫富蘭克林‧羅斯福。

身為父母要知道

愛是生命中最好的養料，哪怕是一勺清水，也能使生命之樹茁壯成長。也許那樹是那樣的平凡、不起眼；也許那樹是如此的瘦弱，甚至還有些枯萎，但只要有養料的澆灌，它就能長得枝繁葉茂，甚至長成參天大樹。

身為父母，我們也應該播灑愛，傳遞愛，讓身邊的每個人感受到你的愛。當朋友遇到困難的時候，應該伸出關愛之手幫助朋友渡過難關，這是友愛；當孩子回來後，說一句關愛的話，來一個真心的擁抱，這是親情之愛；幫助一個陌生人解決了困難，這是博愛。

愛是有不同方式的，你的愛，能讓孩子感受到溫暖，能讓他人感到幸福……

愛是生命中最好的養料！

第十四章　善念仁愛—世間無價的寶石

身為孩子要懂得

愛，是我們得以成長的養分，是我們的生命得以絢爛的原料。因為愛的存在，才讓我們的生命五彩斑斕。

有愛就有一切

郊區一間小茅屋裡，一家三口正坐在一起準備吃晚餐。他們的糧食已經所剩無幾了，乾淨的舊木桌上只放著幾個饅頭，這就是他們全部的晚餐。

「咚！咚！咚！」有人在敲門。女主人打開門一看，只見三個陌生的年輕人站在門口，一副風塵僕僕的樣子。她禮貌地打招呼：「請問你們找誰啊？」

「你家男主人在嗎？」三個年輕人問。

「在呀！」

「事情是這樣的。」一個年輕人開口說道，「上帝知道你們是一個幸福的家庭，聽說你們的生活遇到了困難，特地派我們來幫助你們的。」

年輕人接著說：「我叫成功，另外兩個叫愛和財富。在我們三個之間，你們只能選擇一個，而且只有一次機會！」

屋裡的男主人聽見了他們的談話，驚喜地叫了起來：「快，我們就把財富請進來吧！」

女主人反對這樣做：「親愛的，為什麼我們不選擇成功呢？有了成功，就有鮮花和掌聲，就有了一切！」

這時，坐在桌子旁邊的小男孩開口了：「爸爸媽媽，我們還是把愛請進來吧！有了愛，我們不就會更加幸福嗎？」

夫妻倆相互看了一眼，覺得兒子的話很有道理：「對！我們還是把愛請進

來吧！」

奇怪的是：等愛走進門的時候，財富和成功也跟了進來。

女主人疑惑地看著他們問：「我們只是說把愛請進來，你們怎麼全都進來了？」

三個年輕人異口同聲地回答道：「哪裡有愛，哪裡就有財富和成功。這就是上帝的旨意！」

身為父母要知道

有愛就有一切，這是從故事中得到的結論，也是經得起實踐檢驗的真理。一個人擁有了愛心，財富和名利便會接踵而至。

愛是雙向的，愛是接受，也是給予。我們要讓孩子在接受愛的同時，也要懂得去愛別人。父母應該讓孩子從小擁有一顆愛心。

孩子的愛心不是一夜之間培養出來的，更不是用沒有原則的、失去理智的溺愛換來的，它是經過自然而然的模仿、潛移默化的滲透而逐漸形成的。如同春雨「隨風潛入夜，潤物細無聲」。父母是責無旁貸的愛心播種者，要使孩子富有愛心，父母必須從點點滴滴做起。

1. 感恩教育。

讓孩子從小就有一顆感恩的心，懂得大人養育的艱辛，珍惜他人的勞動。

2. 給予表揚。

當孩子與他人分享好吃的東西，對別人說了關心體貼的話，做了對別人寬容和謙讓的行為，父母要不失時機地及時表揚孩子。這樣，孩子既學會了做力所能及的事，又從中品嘗到了做有益於他人的事而帶來的喜悅和光榮

感。孩子的愛心就是經過這樣一次次的認可逐漸形成起來的。

3. 樹立榜樣。

父母是孩子最直接的模仿對象，身教重於言教，父母平時要尊重和關心孩子，多和孩子進行情感交流，讓孩子感受到來自於父母濃濃的愛。家庭成員之間要互敬互愛，要尊敬老人。在外面，父母也要以身作則，如上車讓座、主動幫助有困難的人等等，以培養孩子的同情心和助人為樂的品格。

總之，愛心教育要從小事做起，每當捕捉到孩子有關愛的行為，我們都要給予大力支持。孩子的心就像一片廣袤的土地，種植邪惡，就會滋長邪惡，泯滅良知；種植仁愛，便會收穫尊重、關心、寬容、同情……今日播種愛心，明日就會得到一個充滿愛心的兒女，那時你就會感受到做父母的幸福。

身為孩子要懂得

有愛就有一切，愛能改變世界，只要愛的信念不滅，每個人都能穿越荊棘。地位、財富固然重要，真正使人獲得永久尊重和受益一輩子的還是那顆愛心。

給予比接受更讓人快樂

有一年聖誕節，貝特的哥哥送給他一輛新車作為聖誕節禮物。聖誕節的前一天，貝特從他的辦公室出來時，看到街上一名男孩在他的新車旁走來走去，滿臉羨慕的神情。

看到貝特走過來，男孩抬起頭問道：「先生，這是你的車嗎？」

「是啊，」貝特說，「我哥哥給我的聖誕節禮物。」

男孩睜大了眼睛：「你是說，這是你哥哥給你的，而你不用花一分錢？」

貝特點點頭。小男孩說：「哇！我希望……」貝特以為男孩要說希望自己有一個這樣的哥哥，但男孩說出的卻是：「我希望自己也能當這樣的哥哥。」

貝特很感動，他看著這個男孩，問道：「要不要坐我的新車去兜風？」

男孩驚喜萬分地答應了。逛了一會兒之後，小男孩轉身對貝特說：「先生，能不能麻煩你把車開到我家前面？」貝特微微一笑，他理解小男孩的想法，坐一輛大而漂亮的車子回家，在小朋友的面前是很神氣的事。但他又錯想了。

男孩跳下車，從屋裡帶出跛著一隻腳的一個小男孩。他指著貝特的車子說：「這是他哥哥送給他的聖誕禮物，將來有一天我也要送給你一輛一模一樣的車子。」

貝特的眼睛溼潤了，他將小弟弟也抱到車上，三人開始了一次令人難忘的假日之旅。

在這個聖誕節，貝特明白了一個道理：給予真的比接受更令人快樂。

身為父母要知道

很多人在與人交往時常常會等待接受，但是他們沒有想過，其實給予比接受更使人快樂。正如故事中的貝特，他在給予中體會到了更大的快樂。這不是施捨帶來的快感，而是幫助人後內心最真實的愉悅。

生活中，我們總喜歡身邊的人能夠多給予自己一些關照，希望父母多給予我們一些體貼，希望自己所愛的人都給予我們一些關心，希望朋友多給予我們一些理解，甚至工作中希望上司能夠多給予我們一些鼓勵和關照……往

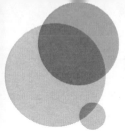

第十四章　善念仁愛—世間無價的寶石

往我們總希望別人能夠處處照顧我們，而我們自己又是否想到過，別人也需要我們付出？

其實，如果我們能夠為身邊的人付出的時候，你會感覺到，給予遠遠比接受要快樂的多！

父母在教育孩子時，一定要讓孩子明白，做人不能太自私，不能只知道一味的索取，要讓孩子學會為周圍人設身處地去想一想，要懂得給予。這樣，孩子長大後，無論是在生活中還是在工作中，事事都會多考慮一下對方的感受，也會捨得給予。

身為孩子要懂得

如果你是一個只懂得享受幸福、接受幸福的人，那麼你一定沒有領悟到幸福的真正意義；如果你是一個把自己的幸福建立在別人痛苦之上的人，那麼幸福將永遠拋棄你。相反，如果你是一個懂得給予別人愛和幸福的人，那麼，你也一定會得到世上最多的愛和回報。

真愛可以救贖靈魂

自從母親死了以後，他變成了一個調皮的孩子。只要誰家的牛走失了，或者是後院的樹莫名其妙被砍倒了，大家都認為是他做的壞事。甚至父親和哥哥都是這麼想的。漸漸地，他也變得無所謂了。

有一天，父親打算第二次結婚了，家裡的孩子們都擔心新媽媽會是什麼樣子。他也打定主意，不把新媽媽放在眼裡。最後，新媽媽還是走進了家門，來到每個房間，愉快地向孩子們打招呼。當新媽媽走到他面前時，他像

槍桿一樣站得筆直，雙手交叉在胸前，偏開頭看著一邊，一點歡迎的意思也沒有。

新媽媽回頭看了父親一眼，眼裡有些疑惑。

「這就是我跟你說的那個孩子，」父親懶洋洋地說，「全家最壞的孩子。」

彷彿是為了印證父親的這一番話，他冷冷地瞪著新媽媽，滿臉的倔強。

然而，令他猝不及防的是，新媽媽說出了一番讓家裡所有的人都吃驚的話，包括他自己。她把手放在他的肩上，看著他，眼裡閃爍著光芒。「最壞的孩子？」新媽媽說，「一點也不，他是全家最聰明的孩子，我願意拿出我所有的積蓄跟你賭一賭。」

20 年以後，他成了一位著名的企業家。當有人問到他成功的力量來自何處時，他自豪地回答：「是媽媽賜給了我無窮無盡的愛！」

身為父母要知道

這是一個值得父母們深思的故事，一個被眾人認為無藥可救的壞孩子，最後竟然成長為一個著名企業家。箇中原因為何？是愛。媽媽的愛改變了孩子的一生。

「有人說，孩子的心是一塊神奇的土地，你播下思想的種子，就會獲得行為的收穫；你播下行為的種子，就會獲得習慣的收穫；你播下習慣的種子，就會獲得品德的收穫；你播下品德的種子，就會獲得命運的收穫。」這是英國作家查爾斯‧里德的一段話。我們不難發現，在這個「循環鏈」中，思想意識是事物發展的源頭，它是第一顆種子。如果有人早早地在孩子們的身上播下「跳蚤」，你怎麼能指望收穫「龍鳳」呢！

其實並不是孩子有問題，而是這個「壞」字的標籤壞。貼上「壞」字標

第十四章　善念仁愛—世間無價的寶石

籤的教育就是壞的教育，而壞的教育則是孩子心靈的地獄。一個孩子一旦被家長貼上「壞」標籤，那麼人人幾乎都認為其「壞」，結果讓孩子朝著「標籤」所指的方向發展。

所以父母千萬不可輕易對孩子下結論，不要給孩子亂貼標籤。因為這樣輕則會使孩子失去上進的動力，嚴重的還可促使孩子向消極方面發展。如果父母非要給孩子貼上標籤，也要貼「好」的標籤，用愛心照料孩子健康成長。

身為孩子要懂得

真愛可以救贖靈魂，它可以讓乾涸的心靈長出嫩綠的新葉，開出鮮豔的花朵，在陽光下怒放生命的芬芳。擁有真愛，便能怒放生命。

愛是充實了的生命

學生吉爾是校足球隊隊員，對「愛」這個作業感到特別為難。他強烈地感受到了愛，但是很難表達出來。他下了好多次決心才鼓起勇氣走進臥室，把父親從椅子上拉起來，熱烈地擁抱他，對他說：「我愛你，爸爸。」然後親吻了他臉頰。

父親熱淚盈眶，喃喃地說：「我知道，我也愛你呀，孩子。」

父親第二天早上來找吉爾，說那是他生活中最幸福的時刻之一。

愛的學習的另一次作業是與人分享自己的東西而不指望回報。學生們有的去幫助殘疾兒童，有的去幫助貧民區的乞丐，還有許多人自願到想自殺的人使用的熱線電話上工作，希望在發生不測之前發現那些人。

吉爾和他的一個同學喬一起到離海邊不遠的一家小型療養院去。在那

兒，不少老人穿著舊棉袍，整天躺在床上，看著天花板。

喬向四周看了看，問吉爾：「我該做些什麼？」

吉爾說：「看見那邊那位老太太了嗎？過去向她問好。」

他走過去：「呃，您好。」

她疑惑地看了他一會兒，才問：「你是我的親戚嗎？」

「不是。」

「好！坐下吧，年輕人。」

啊，她告訴他多少事情啊！這位老婦人對愛、對痛苦懂得那麼多，甚至還包括她與之取得某種契約的死亡。但是從來沒人想聽 —— 吉爾他們是頭一個聽她講的。從那以後，吉爾每週去看望她一次。這一天就漸漸被人稱作「吉爾的日子」。吉爾一來，所有的老人們都會聚攏過來。

不久，這位老婦人就讓她女兒給自己拿來一件時興的晨衣。吉爾再來的時候，發現她坐在床上，穿著漂亮的緞子晨衣，梳著時髦的髮式。她有好多年沒梳過頭了：如果沒人真正看見你的話，有什麼必要梳頭呢？這幾天，病房裡的其他老人也開始為了吉爾的到來而梳妝。

吉爾開始學習「愛」這門課程的那些時日，是他生活中最激動人心的歲月。在努力為別人打開通向愛的大門的同時，吉爾發現門也為自己敞開了。

身為父母要知道

愛是充實了的生命，是一束美麗而溫暖的陽光，我們生活在同一片藍天下，是一個不可分割的群體，對於這一群體來說，仁愛是使它緊密連接的紐帶。關懷與幫助，奉獻和付出，都是源自內心最真實的愛，它給予我們的世界最美好的光彩，帶給我們溫暖的力量。

第十四章　善念仁愛—世間無價的寶石

不一定非得轟轟烈烈，蕩氣迴腸的仁愛才值得稱道。一句真心的稱讚，一個發自內心的微笑，一聲真切的問候，都是值得肯定的。愛無大小。

當愛成為你生命中的主色調時，你會發現，關心別人，你會感覺到很欣慰；體貼家人，你會感覺到更幸福；理解朋友，你會得到更加深厚的友誼，從而也會讓你的心胸更加寬廣，那種境界下的你會感覺到生活是如此的快樂。

因此，讓孩子從身邊的小事做起吧，關愛身邊人，這同樣值得稱道。

身為孩子要懂得

仁愛是最美的智慧。在你與他人的相處中，要學會表達自己的愛，學會將自己的愛與他人分享；當你為別人打開仁愛的大門時，會發現門也為你敞開了。

學會愛你的親人

有一個美籍非洲裔家庭，父親去世後，他的人壽保險使兒女們獲得了一萬美元。母親認為應該好好利用這筆遺產，在鄉間買一棟有園子可種花的房子，讓全家搬離哈林貧民區；女兒則想利用這筆錢去實現一個夢想 —— 上醫學院。

然而，大兒子卻提出一個要求:他希望用這筆錢和朋友一起創業。他說，這筆錢將使他功成名就，並讓家人的命運得到徹底改變。他承諾說，只要給他這筆錢，他將使家人多年來忍受的貧困得到補償。

這是一個難以拒絕的要求。

母親儘管感到不放心，還是決定把錢交給兒子，她承認他以前從來沒有得到過這樣的機會，他有理由獲得這筆錢的使用權。

結果兒子的朋友很快攜款而逃。

帶著壞消息，失望的兒子只好告訴家人，夢想已經破滅，美好的生活已經沒有可能。妹妹用各種難聽的話對他冷嘲熱諷，用每一個輕蔑的字眼來斥責他。哥哥在她眼裡幾乎成了一錢不值的廢物。

「我曾教過妳，」當女兒罵得不知住口時，母親打斷她說，「我曾教過妳要愛。」

「愛他？」女兒一臉驚訝，說，「他已經毫無可愛之處。」

「任何人總有他的可愛之處，」母親說，「一個人假如不學會這一點，那麼妳就什麼也沒學會。妳為他落過一滴淚嗎？我不是指為了我們全家失去了那一筆錢，而是為妳哥哥，為妳的親哥哥所經歷的一切及他的不幸遭遇。孩子，妳想一想，我們什麼時候最應該去愛人？是當他們一切事情做得好上加好，讓每一個人都感到滿意的時候？假如是那樣，妳就遠遠沒有學會，因為那根本不到時候。不，應當在他們遭受挫折，意志消沉，不再信任自己的時候，孩子，評價一個人應該去看他的整體，要知道，一個人穿越了多少風雨黑暗，才成為這樣的人。」

身為父母要知道

在這個快速發展的知識經濟時代，父母能給孩子的知識是有限的，但教給孩子優良的心理特質，例如愛心、同情心、尊重、欣賞、勤勞，卻可以是無限的。對孩子的心靈而言，愛尤其重要。愛是創造的動力和源泉。愛心、同情心會使人展開想像的翅膀，遨遊在無限可能的創造空間。這就是愛的力

第十四章　善念仁愛—世間無價的寶石

量，愛的光芒。顯然，故事中的女兒欠缺愛心，欠缺同情心。

那麼，身為父母，如何培養孩子的愛心、同情心？

首先，父母要做愛的使者。

愛是一種行動，「身教重於言教」，父母需要以身作則。在家裡，爸爸、媽媽互敬互愛，孝順長輩，與人為善，對人尊重、理解，同時以無盡的愛滋養孩子的成長，孩子就會看在眼裡，記在心上，落實到行動上。

孩子時時刻刻都在潛意識中模仿大人。因此，父母要當一位愛的使者，不斷地在孩子幼小的心田裡播種愛，播種光明，播種夢想。孩子學會愛自己，愛親人，愛別人，愛社會，愛這個世界，也就擁有了同情之心，因此他能有足夠的力量去學習，去創造美麗人生。

其次，無條件的愛孩子。

美國親子教育專家蓋瑞·查普曼和羅斯·甘伯認為：「無條件的愛就是無論孩子的情況如何，都愛他們。亦即不管孩子長相如何，天資、弱點或缺陷如何，也不管我們的期望多高，還有最難的一點是不管孩子的表現如何，都要愛他們。但這並不表示我們喜歡孩子的所有行為，而是意味著我們對孩子永遠給予並表示愛，即便他們行為不佳。」

無條件的愛，就是對孩子無條件地接納，給孩子安全感；讓他充分地感受到你的愛，你永遠都是他最值得信賴、最可靠的人，從而他會獲得一種強大的力量，一種戰勝一切困難的勇氣和自信。孩子的聰明才智、愛心、同情心只有在寬鬆、愉悅、安全、被愛的情況下，才能發揮出來，他才會有愛別人、同情他人的能力。父母的鼓勵、信任、支持將是孩子走向成功的基石。

再次，培養孩子的愛心、同情心。

同情心讓人去思考，把同情心表達出來，愛也就出來了，愛心是行動。

同情心能喚醒孩子的想像力和創造力，父母要真的愛自己的孩子，就要讓孩子擁有一顆愛心、同情他人之心。這樣孩子心中才能裝有一個遠大的奮鬥目標和理想，他才會明白人活著不是為了自己的區區小利，而是為了社會，要活得有價值、有意義。擁有愛心和深厚的同情心的孩子，就會有更博大的胸懷和恢宏的氣度，他會想到大眾的利益和苦難，他就會把生命能量奉獻給大眾，因此他會成就一番大事業。

身為孩子要懂得

愛永遠是父母給孩子生活中注入的力量的源泉。一個充滿愛的孩子，才有能力去愛，去同情他的親人和他周圍的人，去愛這個社會，乃至整個世界。從而他才能擁有遠大的目標和理想，他才能產生創造的欲望和激情，他才能夠挖掘自身的潛能和智慧，他才能成就一番輝煌的事業。

第十四章　善念仁愛—世間無價的寶石

第十五章
學會感恩 —— 人間有愛的保障

　　一個心靈存在缺陷的人，才會對整個世界有不完整的看法，才會想到自己存在的缺陷似乎就是對整個世界的不容納，因此不僅不肯認同缺陷是自己的一部分，更要透過其他的途徑讓它看起來似乎和其他人一樣地正常，於是又總是在這樣的努力中讓自己生活在痛苦裡。而一個懂得正視缺陷，容納缺陷，感恩缺陷的人，他不會借助任何的打扮與掩飾，他會更集中精力於自己內心的完整，會用完美與善良的心，面對所有的人。

感恩之心創造奇蹟

　　在世界上，有一個牌子讓我們耳熟能詳，它的名字深入人心，它的成功造就的不僅是一個品牌的奇蹟，更是一個感恩的奇蹟、愛的奇蹟。

　　時至今日，了解柯達背後故事的人，都會因這份含蓄的親情而感動，當人們在使用柯達的時候，就會情不自禁地聯想起家庭的溫馨，從而增強了產

第十五章　學會感恩—人間有愛的保障

品自身的號召力。

柯達照相機的發明者喬治‧伊士曼，小時候家境十分貧寒。7歲時父親去世，母親為養活家人，夜以繼日地工作，難得片刻休息。伊士曼看到母親這樣辛勞，心中很痛苦，可是小小年紀的他，只能把母親的恩情銘記在心中。幼小的伊世曼發誓長大後要賺錢報答母親，讓她過上好日子。

14歲的時候，伊士曼再也不肯讀書了，他不忍心母親獨自承擔家庭的重擔，他要幫助母親分擔這個責任。母親反對他輟學，可是伊士曼決心已定，母親只能心酸地看著自己的孩子早早就進入了社會。

輟學後的伊士曼開始到保險公司去做雜役，工作很辛苦還很累，一週工資只有3元，第二年才增加到5元，儘管只有這麼一點錢，但伊士曼還是視若珍寶，小心地積攢下來，全部交給母親。同時，他還兼職書架的銷售工作，有時甚至還會上門向家庭主婦推銷打毛衣的棒針。推銷的工作更是讓人備受打擊，經常遭遇冷眼，但為了母親和家裡，伊士曼都忍受了下來。

就這樣，家裡的情況開始慢慢好轉起來，伊士曼開始利用晚上的時間學習會計課程。一年以後，他進入羅徹斯特銀行工作，年薪800美元。經過幾年的省吃儉用，他終於積聚了3,000美元。作為一個銀行職員，伊士曼已經跨入了白領的行列。

1879年，25歲的伊士曼利用假期外出旅遊，花了94美元買了一套照相器材——包括照相機和顯相設備，並學會了攝影技術。沒多久，他便對攝影著了迷。但令他煩惱的是，當時的照相機太笨重：粗笨的三腳架、上片機、藥粉……簡直要用馬車才裝得下。更糟糕的是，這機器操作起來有許多麻煩的步驟，如果不嚴格按照技術要領操作，結果不是漏了光，就是照成模糊一片。這樣下去，照相不但是負擔，還是累贅了，能給旅遊者帶來愉快嗎？伊

士曼暗自立誓：要努力改進攝影器材，簡化拍攝手續，讓照相技術「面向大眾化」—— 使用照相機像使用鉛筆一樣方便，使人人都能享受攝影的歡樂，他開始一心撲進研製輕巧方便的攝影器材工作之中。

1898 年，伊士曼發明了小巧玲瓏、便於攜帶的小型照相機，他想給它取一個響亮的名字。一天夜裡，他回想起小時候依偎在母親的懷抱裡聽故事的情形，感恩的情緒便在腦海裡彌散開，於是他決定用母親名字的第一個字母「K」作為照相機名字的開頭和結尾。

於是，日後叱吒風雲的品牌 —— Kodak，就這樣誕生了。

身為父母要知道

感恩是一種愛的表現，是需要從小學習和培養的。西方的父母非常注重對孩子感恩之心的培養。孩子很小的時候，他們就要求孩子寫感恩日記，感恩上帝賜給他們幸福，感恩大自然的給予，感恩一切給過自己關懷和幫助的人。孩子每受他人一點恩惠，父母便會教育他們要時時銘記，將來也學會向他人施以恩惠；吃飯前，父母會和孩子一起默默祈禱，感謝上帝賜給他們食物；他們也為孩子付出，但他們會要求孩子說「謝謝」。我們從一些西方電影中可以看到，孩子在父母為自己準備好食物，為他們付費及做其他任何事情時，都會由衷地說一聲「謝謝」。而在東方一些國家的電影中，孩子對父母說「謝謝」的情景是並不常見的，即使從孩子嘴裡說出來，也是不響亮的。正是因為教育的差異，西方的孩子較之東方的孩子更加豁達、快樂，更加懂得珍惜和給予。

讓孩子學會感恩，其實是很簡單的事情。

父母在照顧孩子的時候，不要有心甘情願、死心塌地的心理，而要讓孩

271

子知道，父母為他所做的一切事情，都是很不容易的；讓他知道，他的感謝會讓你們感到很高興。

其次，父母要告訴孩子，他吃的每一粒米飯，都包含著他人的汗水；他穿的每一件衣裳，都是別人辛勤裁剪縫製的；告訴他一切生活資源的來源。

再次，父母也可以要求孩子寫感恩日記，在日記中寫下自己所要感謝的一切。

父母不可能要求孩子完美，但可以讓他們懷著感恩的心去生活。在人生路上，每一個帶著感恩的心上路的人，都將活得更加美麗，更加充實。

身為孩子要懂得

一顆感恩的心是一個人成長的動力，是一種高尚的情操。當它昇華時，可以奔流不息，可以驚天動地，可以使人發揮非凡的潛能，可以讓人無所不能。擁有了感恩的心，便擁有了創造奇蹟的資本。

感恩挫折，必有收穫

在美國，有一位窮困潦倒的年輕人，即使身上全部的錢加起來都不夠買一件像樣的西裝的時候，仍全心全意地堅持著自己心中的夢想，他想做演員、拍電影、當明星。

當時，好萊塢共有 500 家電影公司，他逐一數過，並且不止一遍。後來，他又根據自己認真擬定的路線與排列好的名單順序，帶著自己寫好的劇本前去應聘。但一遍下來，沒有一家願意聘用他。

面對百分之百的拒絕，他沒有灰心，又從第一家開始，繼續第二次自

我推薦。

500 家電影公司依然全部拒絕了他。

第三次的結果仍是如此。

這位年輕人又開始他的第四次自我推薦，這次，第 350 家電影公司的老闆願意讓他留下劇本先看一看。

幾天後，他獲得通知，要他前去詳細商談。

這家公司決定投資開拍這部電影，並請他擔任自己所寫劇本的男主角。

這部電影名叫《洛基》。

這位年輕人的名字叫席維斯・史特龍。現在翻開電影史，這部叫《洛基》的電影與這個日後紅遍全世界的巨星都榜上有名。

身為父母要知道

人生無常，「不如意事十之八九」，我們時時需要面對困難；但是，以「有幸」的樂觀精神來對待一切，是人生的智慧。當你經歷挫折的時候，你要總結，要反思，要改變！只有累積經驗的挫折才是閱歷，才是屬於你的財富；經歷挫折而不懂反思的人，是真正的弱者，他將一事無成！

史特龍屢敗屢戰，從沒有心灰意冷，以感恩挫折的心態，最終迎來了屬自己的事業。

挫折感也是一個人精神生活必需的營養品。近年來，許多父母把「物質豐富、精神赤貧」的孩子送到特別重視挫折體驗教育的特殊學校，為的就是讓孩子在挫折中更加成熟。

讓孩子直面挫折，感恩挫折，在挫折中成長，才能臨危不亂，處變不驚。

第十五章　學會感恩—人間有愛的保障

身為孩子要懂得

挫折，是漫長人生道路上的一大障礙。它對於強者來說是一塊墊腳石，對弱者來說是萬丈深淵。強者往往利用挫折通向成功，而弱者往往都是因為挫折而走向失敗。

感謝幫助你的人

大約在西元 16 世紀末到 17 世紀，英國清教徒發起了一場來勢猛烈的宗教改革運動，宣佈脫離國教，另立教會，主張清除基督教聖公會內部的殘餘影響。但是，在 17 世紀中葉時，保皇議會通過了《至尊法案》，清教徒開始遭到政府和教會勢力的殘酷迫害，逮捕、酷刑、宗教審判，時時刻刻都在威脅著清教徒。被逼無奈，他們只得遷往荷蘭避難。但是，寄人籬下的日子不好過。在荷蘭，清教徒不僅沒能逃脫宗教迫害，而且飽受戰爭帶來的痛苦和折磨。為了徹底逃脫宗教迫害的魔爪，他們再一次想到大遷徙。

1620 年 9 月，清教徒的著名領袖威廉·布拉德福德召集了 102 名同伴，登上了一艘重 180 噸、長 90 英尺的木製帆船 —— 五月花號，開始了哥倫布遠征式的冒險航行。

在海上航行了 66 天後，於 11 月 21 日安抵北美大陸的科德角，即今天美國麻薩諸塞州普羅威斯頓港。稍事休整後，五月花號繼續沿海岸線前進。由於逆風和時差，它沒有能到達預定的目的地 —— 維吉尼亞的詹姆士敦，反而在聖誕節後的第一天，把他們送上了新英格蘭的土地。

有意思的是，在這次充滿危險的遠征中，所有探險者只有一人死亡。但由於旅途中誕生了一名嬰兒，使到達美洲的人不多不少，仍然是 102 名。移

民都是虔誠的教徒，無不手劃十字，衷心感謝上帝的眷顧。

幾天後，五月花號渡過了鱈魚角灣，在普利茅斯港拋下了錨鏈。移民們劃著小艇登陸時，按照古老的航海傳統，首先登上了一塊高聳於海面上的大礁石。五月花號上禮炮轟鳴，人聲鼎沸，共同慶祝新生活的開始。後來，這塊礁石就被稱為「普利茅斯石」，成為美洲新英格蘭第一個永久性殖民地的歷史見證。

不過，對這些渴望幸福的移民來說，第一個冬天並不美好。嚴寒與疾病，奪去許多人的生命。一個冬天過去，歷盡千難萬險來到美洲的 102 名移民，只剩下了 50 個。幾乎每天都有人死去，幾乎天天都有一家或幾家在做喪事。剛剛踏上這片土地時的歡樂沒有了。每個人的心頭，都被一種空前絕望的氣氛所籠罩。

就在移民們束手無策、坐以待斃時，第二年春天的一個早晨，一名印第安人走進了普利茅斯村。他自我介紹說，他是臨近村落的印第安酋長派來察看情況的。這是移民們來到美洲後接待的第一個客人。他們向客人傾訴了自己的來歷以及所經受的種種無以復加的苦難。印第安人默默地聽著，臉上流露出無限的憐憫和同情。事情就此有了轉機，幾天後，這名印第安人把他的酋長馬薩索特帶進了移民們的房屋。酋長給他們送來了許多生活必需品作為禮物。派來了最有經驗、最能幹的印第安人，教給移民們怎樣在這塊土地上生活，教他們捕魚、狩獵、耕作以及飼養火雞等技能。

這一年，天公作美，風調雨順，再加上印第安人的指導和幫助，移民們獲得了大豐收，終於闖過了生活的難關，過上了安定、富裕的日子。

為了感謝上帝的恩典和印第安人的幫助，大家決定要選一個日子來感謝這一切。1789 年，華盛頓總統在就職聲明中宣布感恩節為美國正式節日。

第十五章　學會感恩—人間有愛的保障

身為父母要知道

感恩是一種生活態度，是一種品德，是每個人應有的基本道德準則，是做人最基本的修養。讓孩子學會感恩，感謝父母的養育之恩，感謝老師的教誨之恩，感激同學的幫助之恩，感恩一切善待幫助自己的人。就像移民感謝印第安人一樣，要讓孩子懂得感謝幫助過自己的人。

「感恩」在牛津字典上的解釋是「樂於把得到好處的感激呈現出來且回饋他人」，不只是很多人理解的說句「謝謝」那麼簡單。該怎樣教會孩子感恩，讓孩子以感恩的心態面對生活中的人和事，讓孩子一生都能體會到感恩帶來的幸福感，這些問題應該讓許多父母納入育兒教子的方案考量。父母只有讓孩子懂得感恩，才能讓孩子擁有一顆健康的心靈。

身為孩子要懂得

生活是一面鏡子，你笑，它也笑，你哭，它也哭。你感謝生活，生活將賜予你燦爛的陽光；你感謝他人，他人將對你施以援手。你不感謝，只知一味地怨天尤人，最終只是一無所有！

以感恩的心悅納自己

蘇珊是一個先天性畸形兒，長了 6 根手指，手指上沒有任何指節。18 歲之前，她已做了不下 30 次手術，可她的手仍舊沒有恢復正常。

先天的身體畸形成了蘇珊揮之不去的陰影，最讓她心痛的一件事是：臨近畢業的時候，她愛上了同學湯姆，可是好朋友的話卻深深刺痛了她。她說：「蘇珊，妳真的不明白？湯姆是不會愛上妳的，因為妳的手是畸形的。」

聽到這樣的話，蘇珊的心如針扎一般。為了躲避嘲笑、掩藏自卑，她選擇了教師這樣一個職業，因為她覺得學校是一個適合手指畸形的人待的好地方。

一天下午，蘇珊教孩子們寫「a」這個字母。每個人都在用心地練習，教室裡顯得非常安靜。蘇珊像往常一樣向學生們望去，她發現一個叫安妮的小女孩寫字的時候手指交叉著。蘇珊躡手躡腳地走近她，彎下腰，對她小聲說：「安妮，為什麼妳要手指交叉著寫字呢？」

小女孩抬起她那雙漂亮的大眼睛，看著蘇珊，說：「因為，老師，我只是想像您一樣。」

小女孩的一句話，讓蘇珊壓抑已久的情感得到了徹底的釋放。她第一次發現自己的手是如此的美麗。

身為父母要知道

缺陷與生俱來，並且在我們的成長中又會產生新的缺陷，伴隨著缺陷的不該是對我們人生的否定，而應是我們以之求人生更能精彩的見證。

一個心靈存在缺陷的人，才會對整個世界有不完整的看法，才會想到自己存在的缺陷似乎就是對整個世界的不容納，因此不僅不肯認同缺陷是自己的一部分，更要透過其他的途徑讓它看起來似乎和其他人一樣地正常，於是又總是在這樣的努力中讓自己生活在痛苦裡。而一個懂得正視缺陷，容納缺陷，感恩缺陷的人，他不會借助任何的打扮與掩飾，他會更集精力於自己內心的完整，會用完美與善良的心，面對所有的人。

身為父母，如果自己的孩子存在缺陷，一定要教育孩子正視缺陷，感恩缺陷，更不能因為缺陷而自卑。那麼，父母應該怎樣做？

第十五章　學會感恩—人間有愛的保障

首先，洞悉孩子內心，做好正向激勵。

父母應該對孩子的心理有一個透徹的了解，對症下藥，採用積極、正面的激勵性評價，用放大鏡來看待他的閃光點。以尊重、信任、平等的態度蹲下來與之進行心與心的交流，幫助他克服自卑，樹立信心，增強自信。

其次，給孩子以溫暖和行為激勵。

冰不可能點燃火把，只有火把才能點燃另一個火把。因此，在教育孩子時父母不僅要經常對他表揚、激勵，還給予他溫暖，讓要他體驗成功，收穫自信。比如，父母可以給孩子一個深情擁抱，並發自內心的稱讚他。

再次，寬容孩子。

寬容是父母思想境界的標尺，也是父母人格力量的展示。對於父母，要相信孩子有自己的天賦、才能、興趣和力量，相信他們都能成為有用的人。每個孩子都渴望得到父母的愛護、關心和尊重。父母一個充滿信任和期望的眼神，一句和藹可親的話語都會在孩子心中掀起感情的波瀾。

事實說明：父母的讚揚（表揚、微笑、肯定）對孩子常起著積極的強化作用。我們應該提倡：父母要以寬容的態度對待孩子的每一個失誤，要以讚許的目光肯定孩子的點滴進步，要以真誠的情感發現孩子的創新閃光點，要以認同的行為，讓孩子感受父母對自己缺陷的容納。要用感恩的思想引導孩子健康成長。

身為孩子要懂得

人無完人，因此我們都毫無例外地必須面對我們的缺陷。生活總會給我們帶來痛苦和缺憾。面對這些生活中的缺憾，是反覆哀嘆，在痛苦和自卑中艱難度日，還是正視缺陷，把它當做特別的賜予，安然地享受生活，感恩生

活，這彰顯一個人的智慧。

感恩你所擁有的

提起霍金，人們就會想到這位科學大師那永遠深邃的目光和寧靜的笑容。世人推崇霍金，不僅因為他是智慧的英雄，更因為他還是一位人生的鬥士。

有一次，在學術報告結束之際，一位年輕的女記者面對這位已在輪椅上生活了30多年的科學巨匠，深表敬仰之餘，她又不無悲憫地問：「霍金先生，漸凍人症已將你永遠固定在輪椅上，你不認為命運讓你失去太多了嗎？」

這個問題顯然有些突兀和尖銳，報告廳內頓時鴉雀無聲，一片靜謐。

霍金的臉龐卻依然充滿恬靜的微笑，他用還能活動的手指，艱難地叩擊鍵盤，於是，隨著合成器發出的標準倫敦口音，寬大的投影幕上緩慢而醒目地顯示出如下一段文字：

我的手指還能活動，

我的大腦還能思考；

我有終生追求的理想，

有我愛和愛我的親人和朋友；

對了，我還有一顆感恩的心……

心靈的震顫之後，掌聲雷動。人們紛紛擁向臺前，簇擁著這位非凡的科學家，向他表示由衷的敬意。

第十五章　學會感恩—人間有愛的保障

身為父母要知道

不必嗟嘆沒有得到的東西，珍惜你擁有的一切，感恩你擁有的一切，這才是真實的人生。霍金沒有因為疾病而跌倒在人生的旅程上，相反，他憑藉堅強的意識，感恩的心，成了一代科學巨匠。

人，來到這個世界上，能活著，本身就是一種恩賜。你的孩子可能不是很聰明，也許奧運榜單上沒有他的名字，一流大學裡沒有他的身影。可是，他健康活潑，真誠善良，積極向上。奧運志願者裡有他高舉的手臂，運動場地上有他健美的身姿。他是快樂的，也是可愛的。因為他的誕生，身為父母，你體會到了甜蜜的負擔。因為他的成長讓你享受到了人生最豐富的體驗 —— 辛苦、焦慮、甘甜。

感謝你所擁有的吧，無論你的孩子是健康還是疾病纏身，是功成名就還是默默無聞。懂得了感恩，你便會體驗到春風的溫暖而不是沙塵的煩惱；夏季的生機勃勃而不是灼人的熱浪；秋天的豐碩而不是落葉的淒涼；冬天的清新而不是冷冽刺骨。感謝你所擁有的，你便擁有了快樂和幸福。

其中，最關鍵的是，當你懂得了感恩，你的孩子也勢必會成長為一個懂得感恩的人。

身為孩子要懂得

感恩是最好的習慣。一個對一切美好的事物都心存感激的人，必定會熱愛生命、關愛他人；學會感恩，才能擁有寬容和體諒，收穫平和與快樂。

感恩生命，生命得以怒放

有這樣一位音樂家：他 4 歲得了麻疹；7 歲那年，他差點死於猩紅熱；13 歲時罹患肺炎，必須大量放血治療；40 歲時，因為牙床突然潰爛，幾乎拔掉所有的牙齒；接著，牙床才剛康復，他的眼睛卻感染了可怕的傳染疾病。

不幸的事接二連三，50 歲之後，他在關節炎、腸道炎與肺結核等病痛中辛苦地生活，這些可怕的災難惡狠狠地吞噬著他的生命。

有一天，他忽然吐血，沒多久便結束了生命。然而，活著被折磨了 57 個年頭，死後老天爺仍然不放過他，他的遺體經歷了 8 次搬遷，最後總算入土為安。

面對各種病痛，他從小就習慣把自己囚禁。他從 3 歲開始便經常躲在房裡練琴，而且一練就是 12 個小時。

12 歲時，他舉辦了首場個人音樂會，而且一舉成名。

13 歲開始，他便過著流浪的生活，雖然他曾經與 5 個女人有過感情糾葛，卻一直都得不到真愛，他說：「在我的生命裡，只有小提琴這個唯一的兒子。」

他就是世界級的小提琴大師帕格尼尼！李斯特在聽過他的琴音後驚呼：「天哪！在這四根琴弦裡，不知道包含了多少苦難、傷痛和受到殘害的靈魂啊！」

身為父母要知道

生命中有諸多的不幸，哪怕是一個做事極為小心謹慎的人都難以避免。而惡夢變為現實時，別害怕，懷著一顆感恩的心面對生命，仔細在不幸中尋找值得慶幸的一切，並且記住感恩。就像帕格尼尼，因為擁有一顆感恩之

心，以一副病態的身體，讓生命得以怒放。

生命所賦予我們的意義不僅僅是一次旅行，更是一段樂章，需要自己去譜寫。

面對傷痛與不幸，懷有一顆感恩生命之心，感恩生命中的一切。感恩生命的堅強不屈，感恩生命中的艱難坎坷，靜下心去細細體會，你會發現人生有許多值得你感恩的東西。

鼓勵你的孩子勇敢地面對生活，面對困境，面對災難吧。讓孩子知道，即便失去了一切，也還擁有生命，還擁有父母不離不棄的愛。

身為孩子要懂得

任何苦難都是可以超越的。因此，當你遇到困苦時，不妨想一想，自己用什麼方法去克服，而不是一味地希望其他人能從旁幫忙。相信苦難如一場暴風雨，終會有過去的時刻。

感謝生活，成就快樂人生

格林的父母離異了。家庭的變故使他變得鬱鬱寡歡，不但學習成績下降，還動不動就對同學發脾氣。也許是為了平衡自己內心的混亂，每天吃完晚飯他都一個人在操場上轉圈，一圈又一圈。誰都知道他的痛苦，可是，就是沒有人能夠安慰他。就在這個時候，班上一個並不起眼的同學傑克出現在他的身邊。於是，在學校的操場上經常能夠看到兩個並肩而行的身影。就這樣，又過了一段時間，格林完全從父母離婚的陰影中走了出來，又融入了溫暖的大家庭。

在前不久的一次同學聚會上見到了傑克，當同學們提起這段往事的時候，傑克微笑著對大家說：「其實沒什麼神祕的，你們並不知道，我父母在我上中學的時候就離婚了。在那段痛苦的日子裡，我發奮學習，結果考上了大學。回首那段生活，我發現自己成熟了，獨立了，堅強了。我只不過是把自己的這段經歷告訴了他而已。」

這樣的答案讓大家很吃驚，因為，整整四年，全班同學沒有一個人知道傑克的身世，而且，他還一直生活得那麼快樂、豁達。當大家問他為什麼能做到時，傑克說：「我們需要感謝生活嗎？在生活中，很多人會自覺或不自覺地問起這個問題，尤其是當我們面對生活中的種種不如意的時候。我想當好運來臨的時候，我們都會感謝生活；可是，當生活不盡如人意的時候，我們大多數人會抱怨生活。但是，生活常常不會因我們的抱怨而變得美好起來，有的時候，還會因為我們的抱怨而變得更加糟糕。經歷了不如意，我學會了感謝生活。因為，正是那段家庭的變故，才成就了今天的我。」

身為父母要知道

我們要感謝生活，因為生活給了我們太多的收穫。從生活中我們懂得了什麼是苦，什麼是甜。是生活教會了我們吃苦耐勞，堅持不懈地努力才會成功。是生活磨練了我們就了堅持真理、堅強不屈的品格和意志。從生活中，我們學會怎樣與人和諧相處，懂得寬容和理解的涵義。在生活中，我們學會了怎樣做個對社會對他人負責任的人。是生活教會了我們怎樣做一個合格的人。

和你的孩子享受生活，感謝生活吧！因為生活讓你們的人生變得如此充實、豐盈。

第十五章　學會感恩—人間有愛的保障

身為孩子要懂得

對生活懷有一顆感恩之心的人，即便遇上再大的災難，也能熬過去。感恩者遇上禍，禍也能變成福，而那些常常抱怨生活的人，即使遇上了福，福也會變成禍。一個常懷感恩之心生活的人，一定是個幸福的人。

感謝父母，常回家看看

大學畢業，他在離家鄉 100 公里以外的城市工作。父親早逝，身為長子，每個月他都始終如一地回老家看望母親。

返鄉的車票是用材質較厚的彩色膠紙印刷的。每次，母親都對他說：「孩子，你的車票滿好看的，送給我吧！」他笑一笑，就把車票送給母親，晚上他就睡在母親的身邊。

後來，母親就開始直接地翻他的口袋，只留下那張車票。

後來，他戀愛、結婚、生子，開始每兩個月回一次家。

再後來，他擔任部門主管，更忙了，有時甚至半年才回一次家。尤其是他有了專車，沒必要再坐長途客運，他開始適應不了長途車的顛簸，母親慢慢地也就不再向他索要車票了。

10 年過去了，他已是一位市長。有一天晚上電話響了，是老家的弟弟打來長途電話，說母親突患腦溢血，生命垂危。100 公里對他來說是短途，一個多小時以後，他便見到母親。這時，他突然發現母親已是白髮蒼蒼，衰老憔悴。見了一面，天亮時母親就去世了，他帶領兄弟姐妹們安葬了母親。整理母親的遺物時，他從那只祖傳的樟木箱子裡翻出了一本中學課本，那是昔日母親用來夾鞋樣的。他翻開來，啊，書內竟整齊地夾著一疊車票 —— 他當

年每次返鄉看望母親時留下的車票。他的淚水又一次湧出，他後悔為什麼母親健在的時候不多回幾次家；他還突然想起，這麼多年來，母親還從未到過他的四房兩廳裡住過一夜。

回城市時，他只帶了那一疊花花綠綠的車票。他常常把車票的故事講給父母尚在的朋友們，極力使他們意識到父母對子女有一種深深的牽掛。他說，多回家看望幾次老人吧，哪怕只停留片刻，否則，也許你會有深深懊悔的那一刻。

身為父母要知道

感恩是愛的根源，也是快樂的必要條件。如果我們對生命中所擁有的一切能心存感激，便能體會到人生的快樂，人間的溫暖以及人生的價值。

怎樣才能使不會愛的孩子學著愛與接受愛？

父母親在日常生活中應該時刻創造條件啟發孩子學會用感激、感恩的心態去面對自己的付出，讓孩子先從感恩父母開始。比如讓孩子知道父母為自己做事後要說謝謝等。透過這種小的事情、小的情緒讓孩子熟悉這種感恩的狀態，並最終知道如何表示自己的感恩。

感恩教育要經常滲透，在進行感恩教育的同時重在培養感恩的習慣，讓感恩在潛移默化中內化為一種自覺的行為。

身為孩子要懂得

只有懂得感恩的人，才能保持快樂的心境。不懂感恩的人，就不能真正懂得孝敬父母，理解和幫助別人，更不會主動幫助別人。身為兒女，應當敞開感恩的心扉，去關心、孝敬我們的父母。

第十五章　學會感恩—人間有愛的保障

第十六章
收穫成功 —— 堅持不懈的成果

　　人之所以收穫失敗，只是因為他在遭遇挫折時，停止了繼續進行下去的信心。其實挫折就像我們生命中注定要經歷的風雨霜雪，只要你始終堅信，風雨過後有彩虹，霜雪過後一定會是孕育生命的春天，那麼，奇蹟自然就會出現在你遭遇挫折後。面對挫折，你只需要再試一次，成功或許就唾手可得了。

重複做你擅長的事

　　多年前，源太郎失業了。一個偶然的機會，他從一位美國軍官那裡學會了擦鞋。他很快就迷上了這種工作，只要聽說哪裡有出色的擦鞋匠，就千方百計地趕去請教，虛心學習。

　　日子一天天過去了，源太郎的技藝越來越精湛。他的擦鞋方法別具一格：不用鞋刷，而用棉布繞在右手食指和中指上代替。那些早已失去光澤的舊皮鞋，經他匠心獨具的一番擦拭，無不煥然一新，光可鑑人。

第十六章 收穫成功—堅持不懈的成果

在業餘時間裡,源太郎就到各種檔次的商場鞋櫃參觀,加深自己對各國不同品牌皮鞋的了解;他還經常到人群聚集的大街上,細心觀察人們穿著皮鞋走路的不同姿態。就這樣,源太郎愈發將他的專業打磨純熟。只要他與人擦肩而過,便能知道對方的皮鞋皮質如何,產自何處,從鞋的磨損部位和程度,就可以說出這個人的健康狀況和生活習慣。

他的超群技藝,打動了東京一家名叫「凱比特」的四星級飯店經理,他將源太郎請到飯店,專門為來這裡的顧客擦鞋。

令人驚訝的是,自從源太郎來到「凱比特」之後,演藝界、文化界、商界乃至政界的眾多名人,一到東京便非「凱比特」不住。他們對此處情有獨鍾的原因非常簡單,就是要享受一下源太郎的「五星級服務」。當他們穿著煥然一新的皮鞋翩然離去時,他們就深深地記下了源太郎的名字。

源太郎一絲不苟的精神和非同凡響的絕技,為他贏得了眾多顧客的青睞。他的客戶不只來自東京、大阪、北海道,甚至還有香港、新加坡、馬來西亞等地。在他簡樸的工作室內,堆滿了發往各地的速寄鞋箱。

如今的源太郎,早已成為「凱比特」的一塊金字招牌。然而,當初誰也不會想到,一個擦鞋匠竟能擁有今天這樣的成功。

身為父母要知道

聰明的人,總會去做自己擅長的事情。因為如果做我們不擅長的事情,就算我們再努力,頂多也就是不會被別人落下太遠,要想出人頭地是很難的。而做我們擅長的事,則可以讓我們得心應手,如果長時間地堅持下去,則可能成為那個領域的菁英。正如源太郎,在自己擅長的職位上成就了自己。

　　要想讓孩子有重複做一件事情的毅力，必須要鍛鍊孩子的意志力。

　　父母可以幫助孩子制訂切實可行的行動計畫，指導孩子按照預定計畫採取適當措施。從孩子的生活習慣入手，鍛鍊孩子的意志力。

　　此外，還要注意培養孩子的自我控制與調節能力，有意識地為孩子設計克服困難的情景，鍛鍊意志力。

　　再次，要讓孩子有一個明確的目標。加強對孩子的磨練，在失敗時與孩子一起分析原因，為成功累積經驗。讓孩子有一個正確的自我評價和一個積極的自我形象。

　　當孩子具備了堅強的意志力，做事自然就能堅持到底。

身為孩子要懂得

　　每個人都有自己最擅長的東西，你找到了，並在此持續發展下去，那麼，成功離你也就不遠了。相反。如果你找不到自己的優點，平庸將是你這一輩子的寫照。

失敗的後面是成功

　　1832 年的美國，有一個人和大家一起失業了。他很傷心，但他下決心改行從政。他參加州議員競選，結果競選失敗了。他著手開辦自己的公司，可是，不到一年，這家公司倒閉了。此後幾年裡，他不得不為償還債務而到處奔波。

　　後來，他再次參加競選州議員，這一次他當選了，他內心升起一絲希望，認定生活有了轉機。第二年，即 1851 年，他與一位美麗的女孩訂婚。

第十六章　收穫成功—堅持不懈的成果

沒料到，離結婚日期還有幾個月的時候，未婚妻不幸去世，他心灰意冷，數月臥床不起。

1852 年，他決定競選美國國會議員，結果失敗。但他沒有放棄，而是問自己：「失敗了怎麼辦？」

1856 年，他再度競選國會議員，他認為自己作為國會議員的表現是出色的，相信選民會選舉他，但還是落選了。

為了補回競選中花銷的一大筆錢，他向州政府申請擔任本州的土地官員。州政府退回了他的申請報告，上面的批文是：「本州的土地官員要求具有卓越的才能，超常的智慧」。

接二連三的失敗並未使他氣餒。過了兩年，他再次競選美國參議員，仍然遭遇失敗。

在他一生經歷的十一次重大事件中，只成功了兩次，其他都是以失敗告終，可他始終沒有停止追求。1860 年，他終於當選為美國總統。他就是至今仍讓美國人深深懷念的亞伯拉罕·林肯。

身為父母要知道

失敗其實僅僅是成功面具上一層張牙舞爪的偽裝，如果你屈服於失敗那副恐怖的面容，那麼你永遠也見不到失敗面孔下成功那張笑臉。只有你不被成功的外表失敗所欺騙，那麼，最終你必將收穫成功。

人之所以收穫失敗，只是因為他在遭遇挫折時，停止了繼續進行下去的信心。其實挫折就像我們生命中注定要經歷的風雨霜雪，只要你始終堅信，風雨過後有彩虹，霜雪過後一定會是孕育生命的春天，那麼，奇蹟自然就會出現在你遭遇挫折後。面對挫折，你只需要再試一次，成功或許就唾手

可得了。

因此，當孩子面對挫折、困難、失敗時，不妨多鼓勵孩子，微笑著對孩子說：「站起來！沒什麼了不起的，我相信你可以。」用信任來鼓勵孩子。

告訴孩子人人都會經歷失敗，失敗是可以理解的，是值得同情的，但勇敢的人應該從失敗中汲取教訓，讓孩子明白失敗的價值。同時，更要讓孩子知道，成功其實就站在失敗的後面。

身為孩子要懂得

人生旅途中，挫折並不可怕，可怕的是放棄追求。挫折是令人不快的，但令人不快的程度及其轉化情況卻是由自己控制的，應讓各種挫折成為自己鍛鍊的搖籃。你要牢記：自古雄才多磨難，從來紈綺少偉男。

成功需要累積

艾利斯‧哈利在美國海岸警衛隊服役的時候就愛上了創作，但不知為什麼，他總不能寫出讓人滿意的作品。哈利認為，他必須先有了靈感才能寫作，所以，他每天都必須等待「情緒來了」，才能坐在打字機前開始工作。

不言而喻，要具備這個理想的條件並不容易，因此，哈利很難感到有創作的欲望和靈感。這使他更為情緒不振，也愈發寫不出好的作品。

每當哈利想要寫作的時候，他的腦子就變得一片空白，這種情況使他感到害怕。為了避免瞪著白紙發呆，他就乾脆離開打字機。他去整理一下花園，把寫作暫時忘掉，心裡馬上就好受一點。他也用其他辦法來擺脫這種心境，比如去打掃衛生間，或者去刮刮鬍子。

第十六章　收穫成功—堅持不懈的成果

　　但是，對於哈利來說，這些做法還是無助於他在白紙上寫出文章來。後來，他偶爾聽了作家喬伊斯‧卡羅爾‧歐茨的經驗，覺得深受啟發。歐茨說：「對於『情緒』這種東西，你千萬不能依賴它，從一定意義上來說，寫作本身也可以產生情緒。有時，我感到疲憊不堪，精神全無，連五分鐘也堅持不住了。但我仍然強迫自己寫下去，而且不知不覺地，在寫作的過程中，情況完全變了樣。」

　　哈利認識到，要實現一個目標，你必須待在能夠實現目標的地方才行。要想寫作，就非在打字機前坐下來不可。在衛生間或花園裡，永遠都寫不出什麼。

　　經過冷靜的思考，哈利決定馬上行動起來。他制定了一個計畫，把起床的鬧鐘定在每天早上七點半，到了八點鐘，他便可以坐在打字機前。他的任務就是坐在那裡，一直坐到他在紙上寫出東西為止。如果寫不出來，哪怕坐一整天，也決不動搖。他還定了一個獎懲機制：每天寫完一頁紙才能吃早飯。

　　第一天，哈利憂心忡忡，直到下午兩點鐘他才打完一頁紙。第二天，哈利有了很大進步，坐在打字機前不到兩小時，就打完了一頁紙，較早地吃上了早飯。第三天，他很快就打完了一頁紙，接著又連續打了五頁紙，這才想起吃早飯的事情。

　　經過了長達 12 年的努力，他的作品終於問世了。這本僅在美國就發行了 160 萬冊精裝本和 370 萬冊平裝本的長篇小說，就是我們今天讀到的經典名著 ——《根》，哈利以此書獲得了美國著名的「普立茲獎」。

身為父母要知道

　　成功需要累積，這是一條最原始也是最簡單的真理。

　　每個年輕人都有夢想，都渴望成功，然而智大才疏往往是阻礙年輕人成功的最大障礙。他們看到的只是成功人士功成名就時的輝煌，卻往往忽略了他們在此之前所進行的艱苦卓絕的努力。而事實上，人世間沒有一蹴可幾的成功，任何人都只有經過不斷的努力才能凝聚起改變自身命運的爆發力。

　　父母們應該明確的告訴孩子：一個人要想改變本質，先得有習慣的累積。積少成多，循序漸進。

身為孩子要懂得

　　真正的智者都知道，成功要靠一點點累積，一點點悟。美國一位著名專欄作家曾說：「成就偉業的機會並不像急流般的尼加拉瀑布那樣傾瀉而下，而是緩慢的一點一滴。」

堅持到底就是勝利

　　原子彈之父羅伯特‧歐本海默正在體育館做告別職業生涯的演說。

　　會場上，人們在焦急地等待著歐本海默進行精彩的演講。帷幕徐徐拉開，舞臺正中央吊著一個巨大的鐵球。

　　歐本海默在人們熱烈的掌聲中走了出來，站在鐵架的一邊。他穿著一件紅色的運動服，腳下是一雙白色膠底鞋。

　　人們驚奇地望著他，不知道他要做出什麼舉動。

　　這時兩位工作人員，抬著一個大鐵錘，放到主持人的面前。主持人讓兩位身體強壯的人，用這個大鐵錘去敲打那個吊著的鐵球，直到把它盪起來。

　　一個年輕人搶先拿起鐵錘，拉開架勢，全力向那吊著的鐵球砸去，一聲

第十六章　收穫成功—堅持不懈的成果

震耳的響聲，吊球動也沒動。另一個人也不甘示弱，接過鐵錘把吊球打得叮噹響，可是鐵球仍舊一動不動。

大家都在等著歐本海默的表演，看他用什麼神力讓鐵球盪起來。

這時，歐本海默從上衣口袋裡掏出一個小錘，然後認真地面對著那個巨大的鐵球。他用小錘對著鐵球「咚」地敲了一下，然後停頓一下，再一次用小錘敲了一下。人們奇怪地看著老人就那樣「咚」敲一下，然後停頓一下，就這樣持續地做。10 分鐘過去了，20 分鐘過去了。大家都等得有些不耐煩了。歐本海默仍然不停地敲著，他好像根本沒有聽見人們在喊叫什麼。人們開始憤然離去，會場上空出了許多座位。留下來的人們好像也等累了，會場漸漸地安靜下來。

一個小時以後，前排一個婦女突然尖叫一聲：「球動了！」人們聚精會神地看著那個鐵球真的以很小的幅度擺動了起來。

歐本海默仍舊一小錘一小錘地敲著，人們好像都聽到了那小錘敲打鐵球的聲響。鐵球在老人一錘一錘的敲打中越盪越高，它拉動著鐵架「哐哐」作響，巨大威力強烈地震撼著在場的每一個人，會場上爆發出一陣陣熱烈的掌聲。歐本海默用自己的無聲行動證明了成功的道理。

身為父母要知道

人之一生，道路坎坷不平，遇事千變萬化，什麼事都有可能發生，什麼事都有可能讓你頭痛而無法下手。遇事，就需要你有一個良好的心態，去面對，去克服，去挑戰，去堅持。特別是想做事、想要做大事的人，那就更離不開「貴在堅持」這四個字。

貴在堅持，就是要有一種難能可貴的堅持精神支柱，就是要有一種不畏

艱難的心胸。認準一個目標走，認準一個真理，堅持就會勝利，退縮就會失敗。凡事都有個過程，都需要時間，不可能是你心想什麼就能是什麼。凡事都需要人去做，需要人去打拚，努力了，奮鬥了，結果就會使人欣喜。

堅持到底就是勝利，父母要用實際行動告訴孩子，一個人做事貴在堅持。

身為孩子要懂得

堅持是一種無形的精神支柱。只要你沒有失去堅持走下去的信心，就沒有做不成的事，就沒有實現不了的願望。擁有了堅持，就擁有了一切，也就擁有了成功。

專注於你的工作

他去一家公司面試，董事長找出一篇文章對他說：「請你把這篇文章一字不漏地讀一遍，最好能一口氣讀完。」說完，董事長就走出了辦公室。

他想：不就讀一遍文章嗎？這太簡單了。他深呼吸一口氣，開始認真地讀起來。過了一會兒，一位年輕漂亮的女孩走過來對他說：「先生，休息一會兒吧，請用茶。」她把茶杯放在茶几上，對著他微笑。他好像沒有聽見也沒有看見似的，還在不停地讀。

又過了一會兒，一隻可愛的小貓伏在了他的腳邊，用舌頭舔他的腳踝，他只是本能地移動了一下腳，絲毫沒有影響他的閱讀。

這時，剛才那位女孩又過來了，要他幫她抱起小貓，他還在大聲地讀，根本沒有理會女孩的話。

第十六章　收穫成功—堅持不懈的成果

　　他終於讀完了。董事長走進來問：「你注意到那位美麗的小姐和她的小貓了嗎？」

　　「沒有，先生。」

　　董事長又說：「那位小姐可是我的表妹，她請求了你幾次，你都沒有理她。」

　　他很認真地說：「你要我一口氣讀完這篇文章，我只想如何集中精力去讀好文章，腦子裡只想著要做好這一件事，別的什麼事我就不太清楚了。」

　　董事長聽了，滿意地點了點頭：「先生，你被錄取了！在紐約，像你這樣有專業技能的人很多，但像你這樣專注工作的人太少了！你會很有前途的。」

　　現在的他已經成為了這家公司的總經理。每次回憶起這件事，他總是很有感觸地說：「這是我一生中最重要的轉折點，一個人如果沒有專注的精神，那他就無法抓住成功的機會。」

身為父母要知道

　　專注於你所從事的工作，才可能成功。教育專家認為，孩子只有先養成一種專心的習慣，才有可能在日後對自己的事業全身心投入，不會被其他事情所干擾。而這個道理對於那些耐心差、永遠也坐不住的孩子來說，似乎更加適用。

　　對於這些耐心差的孩子，父母怎麼辦？

　　首先，給孩子規定時間。

　　不管孩子做什麼事情，父母要求孩子在一定的時間內完成。只要孩子集中精力，他就可以在規定的時間內完成。

其次，規定孩子每次只做一件事情。

孩子學習、做事情最大的「敵人」就是注意力分散。因此，父母要告訴孩子，不管面臨多少任務，要想做得最好，最聰明的做法就是：每次只想、只做一件事情。

在日常的學習、生活中，為了讓孩子養成專注的好習慣，父母可以故意給孩子很多任務，讓他去完成，然後在他做得一塌糊塗的情況下，再告訴他，每次專注做好一件事情才是捷徑。這樣，孩子就能深刻體會到專注的重要性了。

養成了做事專注的習慣，自然就能成事。

身為孩子要懂得

做事要專注，是每位想成功之人必需具備的特質之一。因為，只有專注的精神才能排除外界的干擾，不為外面的環境所誘惑，無論任何時候都堅定自己的立場，一心一意地朝著自己預定的目標前進，永遠都不放棄。

百折不回，永不言棄

他叫蘇桑尼‧查金，母親是裁縫，父親是窮工匠，他在紐約市貧民區的學校半工半讀念完高中。他熱愛戲劇，非常渴望能去看一場百老匯的表演，但是買不起門票。後來他憑著無限的精力和堅強的意志，當上了電視臺的舞臺監督。不過他希望為那些像他一樣永遠買不起門票去看百老匯戲劇表演的人創作一些戲。於是他辦了一個劇團，先是在教堂的地下室演出，後來租了一個露天圓形劇場來表演。劇團初期演出莎士比亞的戲劇，受到觀眾歡

第十六章　收穫成功—堅持不懈的成果

迎，卻沒有劇評家來觀看。他想，要是沒有宣傳，又怎麼會有人肯捐助演出經費呢？

因此有一天，蘇桑尼‧查金拜訪《紐約時報》，指名要見戲劇評論家賈斯汀‧布魯克斯‧艾金森。艾金森的助手亞瑟‧吉爾布說他要見的劇評家當時正在倫敦。

「那我就在這裡等艾金森先生回來。」他堅定地說。於是吉爾布請他道明來意。這位工匠的兒子激動地說他劇團的演員如何優秀，觀眾的掌聲如何熱烈，又說他的觀眾大多數都是從未看過真正舞臺劇的移民，如果《紐約時報》不寫劇評介紹他的戲，他就沒有經費再演下去了。吉爾布看到蘇桑尼‧查金這樣堅定，大為感動，同意那天晚上去看他的戲。

吉爾布到達露天劇場時，天上烏雲密布。中場休息時，滂沱大雨溼透了整個舞臺。蘇桑尼‧查金看到吉爾布跑開去避雨，就趕上去說：「我知道劇評家通常是不會評論半場演出的，不過我懇求您無論如何破個例。」

那天夜裡，吉爾布寫了一篇簡短介紹，對那半場戲給予了很高的評價，又提到劇團急需資助。第二天，就有人給劇團送去了一張 750 美元的支票。在 1956 年，這筆錢已經足夠劇團繼續演出這場戲，一直到夏季結束。艾金森從倫敦回來後，去看了這場戲，並在他的星期天專欄裡大大稱讚這齣戲。

沒多久，蘇桑尼‧查金就開始在紐約各處經常免費演出莎士比亞名劇。他於 1991 年去世，他的一生對美國戲劇界產生了巨大的影響。他曾經說過，他堅持不懈是因為他深信戲劇對人們的生活很重要，「如果你不相信這一點，那麼就此放棄算了」。

298

身為父母要知道

「守一」是指堅韌不拔，堅持到底，不達目的，誓不罷休，一種「繩鋸木斷，水滴石穿」的精神。

守一是年輕人成材的最重要的特質。因為人生的道路不會一帆風順，將會遇到如家庭、社會或自己身體等各方面的種種困難，這些都需要有堅韌的毅力去克服。無論什麼人立志無常，遇難改向，做事不能堅持到底，都是無法成才的。

英國著名經濟學家威廉·卑弗列治說：「幾乎所有成就輝煌的科學家，都具有一種百折不回的精神。因為大凡有價值的成就，在面臨反覆挫折的時刻，都需要毅力和勇氣。」

因此，父母要讓孩子明白，做任何事情都不會一蹴而就，都需耐心與始終如一的努力。古人說：「貴有恆，何必三更眠五更起」，要在課業、工作中取得優異成績，必須始終保持旺盛的精力投入，做事三分鐘熱度只會一事無成。

身為孩子要懂得

成功的訣竅，就是持之以恆。人若是天資不足，完全可以用堅持來彌補。就算是天資聰穎之人，如果在做一件事情時總是三心二意、漫不經心，稍遇挫折即馬上放棄，那他也永遠不可能做成一件事。倒是那些並不怎麼聰明，但有踏實的心態、勤奮的衝勁、堅持到底的精神的人，能夠走在那些自以為聰明而不肯付諸行動的人的前面。這就是堅持的態度產生的效果。

第十六章　收穫成功—堅持不懈的成果

有了非凡的毅力就會成功

亨利‧畢克斯特恩出生在威斯摩蘭的一個小鎮，他父親是一個外科醫生，他本人也準備繼承父業。在愛丁堡求學期間，他就以堅韌刻苦而出了名，他對醫學研究專心致志，從不動搖。回到家鄉之後，他積極從事實踐活動，但日久天長，他漸漸對這門職業失去了興趣，對這個偏僻小鎮的閉塞與落後也日益不滿。

他是那麼的渴望進一步提升自身能力，這時他已對生理學產生了興趣，並有了自己的思考。他父親完全贊成畢克斯特恩本人的願望，於是把他送到了劍橋大學，以便他在這個世界聞名的大學進一步深造。

但過分的用功嚴重地損害了他的身體。為了恢復健康，身為一個醫生，他接受了一項職務 —— 即去偏遠異國當一名旅行醫生。在此期間，他掌握了義大利語，並對義大利文學產生了濃厚的興趣，對醫學的興趣遠不如以前了。他打算放棄醫學。回到劍橋之後，他決心攻讀學位。他成為當年劍橋大學數學學位考試優秀及格者。他的努力程度，由此可見一斑。

畢業之後，令人遺憾的是他未能進入醫學界，他只得進入律師界。

但身為一位剛剛畢業的學生，他進了內殿法學協會。他像以前鑽研醫學一樣刻苦地鑽研法律。他在給他父親的信中寫道：「每一個人都對我說：『你一定會成功 —— 以你這非凡的毅力。』儘管我不知道將來會是什麼樣子，但有一點我敢肯定：只要我用心去實行一件事，我是決不會失敗的。」

28 歲那年，他被招聘進入律師界，雖然也曾經歷一段「靠朋友們的捐贈過日子」、「連最必需的衣服、食物都已緊縮到不能再緊縮的地步」、「經濟十分拮据」的日子，但他終於成了一位聲名顯赫的主事官，以貴族爵位的身分

坐在上議院之中。

身為父母要知道

任何人在向理想目標邁進的過程中，都難免會遇到各種阻力和重重困難，在這種情況下鬥志是最難能可貴的。鬥志是一種毅力，一種精神。世界上沒有任何東西能夠代替鬥志。唯有鬥志才能征服一切。

堅持不懈，就是「韌性」，就是頑強的毅力。有鬥志這不僅是希望學有所成的人必須具有的精神，也是做一切事情所應有的科學態度。偉大的生物學家達爾文就說過：「我所完成的任何科學工作，都是經過長期的考慮、忍耐和勤奮得來的。」正如亨利‧畢克斯特恩的成功一樣，成績來自於堅持不懈的刻苦鑽研。

綜觀各界中的成功者，起先往往都是貧苦的孩子。「貧苦的孩子有更多與苦難較量的經歷，這個過程造就了他們。」這一切，都不是所謂的天資聰明和學校教育能解決的問題。很多有成就的人回顧自己的進取歷程後都會說，苦難是一所大學。那些生活自小較為優越的人，不但會缺少追求成功的動力，還會缺乏面對困難去抗爭的勇氣。這是他們的潛能未能得到激發的結果。一個人，不為困難所逼迫，就會在安逸中沉淪。

經歷磨練，生命才能愈發光芒四射。放開你的孩子，讓他浴火重生吧。

身為孩子要懂得

沒有人能在一開始便收穫成功的果實，沒有人能一帆風順把走到成功的頂端。在我們收穫勝利的果實、成功的喜悅之前，必然會歷經風霜雨雪，歷經坎坷，遭遇磨難，誰能夠多堅持那麼一會，誰就能夠笑到最後。

你也是販賣機父母嗎？
該予取予求，還是放手讓孩子走自己的路？

編　　著：洪春瑜，羅烈文

發 行 人：黃振庭

出 版 者：崧燁文化事業有限公司

發 行 者：崧燁文化事業有限公司

E-mail：sonbookservice@gmail.com

粉 絲 頁：https://www.facebook.com/
　　　　　sonbookss/

網　　址：https://sonbook.net/

地　　址：台北市中正區重慶南路一段六十一號八
　　　　　樓 815 室

Rm. 815, 8F., No.61, Sec. 1, Chongqing S. Rd.,
Zhongzheng Dist., Taipei City 100, Taiwan

電　　話：(02)2370-3310

傳　　真：(02) 2388-1990

印　　刷：京峯彩色印刷有限公司（京峰數位）

律師顧問：廣華律師事務所 張珮琦律師

定　　價：399 元

發行日期：2022 年 04 月第一版

◎本書以 POD 印製

國家圖書館出版品預行編目資料

你也是販賣機父母嗎？該予取予
求，還是放手讓孩子走自己的路？/
洪春瑜，羅烈文編著 . -- 第一版 . --
臺北市：崧燁文化事業有限公司，
2022.04
　　面；　公分
POD 版
ISBN 978-626-332-184-7(平裝)
1.CST: 親職教育 2.CST: 子女教育
528.2　　111002937

電子書購買

臉書